新幼师·幼儿园新入职教师规范化培训教材

幼儿园教育活动计划与实施

主　编　霍力岩　赵旭莹
副主编　谷　虹　龙正渝　万　瑞

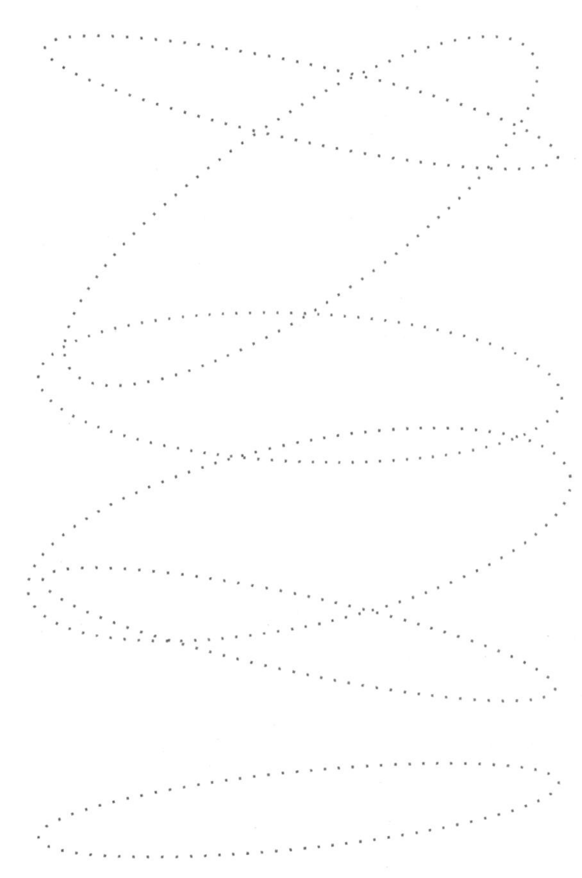

中国教育出版传媒集团
高等教育出版社·北京

内容提要

本书依据《幼儿园新入职教师规范化培训实施指南》中“教育活动的计划与实施”专题的相关任务要求编写。幼儿园教育活动是我国幼儿园课程的重要组成部分，综合主题活动是幼儿园教育活动的典型样态，幼儿园新入职教师应了解并掌握幼儿园教育活动（即综合主题活动）的计划、实施、观察与评价。

本书设有三章及附录。第一章是幼儿园教育活动设计，主要介绍幼儿园教育活动的活动目标、活动准备、活动过程以及活动评价。第二章是幼儿园教育活动的组织实施，主要介绍幼儿园教育活动中各个环节的教师支持策略。第三章是幼儿园教育活动中的观察与评价，主要介绍幼儿园教育活动中幼儿行为观察与评价的内容、方法以及工具。每章内容均按照“加深专业理解—解决实际问题—提升自身经验”的规范化培训思路编排，各章第二节和第三节均提供大量专业的实践任务单和反思记录表格，可供学习者使用填写。书中以二维码形式呈现相关知识点的阅读资源，可供学习者学习参考。

本书可作为幼儿园新入职教师规范化培训及其他性质的幼儿园教师职后培训用书，也可供高等院校学前教育专业学生使用。

图书在版编目（CIP）数据

幼儿园教育活动计划与实施 / 霍力岩，赵旭莹主编. -- 北京：高等教育出版社，2024.6

ISBN 978-7-04-060584-6

Ⅰ. ①幼… Ⅱ. ①霍… ②赵… Ⅲ. ①幼儿园 - 教学活动 - 教学设计 Ⅳ. ① G612

中国国家版本馆 CIP 数据核字（2023）第 096789 号

YOU'ERYUAN JIAOYU HUODONG JIHUA YU SHISHI

总 策 划 韩 筠　策划编辑 韩 筠 何 淼　责任编辑 何 淼　封面设计 裴一丹
版式设计 杨 树　责任绘图 杨伟露　责任校对 高 歌　责任印制 赵 振

出版发行	高等教育出版社	网　址	http://www.hep.edu.cn
社　址	北京市西城区德外大街 4 号		http://www.hep.com.cn
邮政编码	100120	网上订购	http://www.hepmall.com.cn
印　刷	三河市宏图印务有限公司		http://www.hepmall.com
开　本	787 mm × 1092 mm 1/16		http://www.hepmall.cn
印　张	14		
字　数	270 千字	版　次	2024 年 6 月第 1 版
购书热线	010-58581118	印　次	2024 年 6 月第 1 次印刷
咨询电话	400-810-0598	定　价	35.00 元

本书如有缺页、倒页、脱页等质量问题，请到所购图书销售部门联系调换

物 料 号 60584-00

编　委　会

总 序

人生百年，立于幼学，立德树人要从娃娃抓起。教师是一个光荣而神圣的职业，幼儿园教师对于儿童良好道德品行、生活态度、学习习惯、文化底蕴的养成具有重要作用，是帮助儿童“扣好人生第一粒扣子”的关键引路人。长期以来，我国广大幼儿园教师兢兢业业、奋发有为、无怨无悔，培养了一代又一代的新人，为我国未来人才素质提升打下了坚实基础，谱写了我国学前教育事业的新篇章。

党的二十大报告指出，教育、科技、人才是全面建设社会主义现代化国家的基础性、战略性支撑，要办好人民满意的教育，全面贯彻党的教育方针，落实立德树人根本任务，培养德智体美劳全面发展的社会主义建设者和接班人。“十四五”时期，我国教育进入高质量发展阶段。面对新形势、新任务、新要求，教师的能力素质还不能完全适应，党中央、国务院对教师能力素质的关注提高到前所未有的程度。从 2018 年中共中央、国务院出台的《关于全面深化新时代教师队伍建设改革的意见》，到 2019 年教育部办公厅、财政部办公厅发布的《关于做好 2019 年中小学幼儿园教师国家级培训计划组织实施工作的通知》，再到 2020 年教育部教师工作司颁布的《幼儿园新入职教师规范化培训实施指南》（以下一般简称《培训实施指南》），国家对新时代幼儿园教师队伍高质量建设既给出了高屋建瓴的指导性意见，又点明了清晰明确的发展方向、培训内容和实施路径。

习近平总书记《在哲学社会科学工作座谈会上的讲话》深刻指出：“当代中国正经历着我国历史上最为广泛而深刻的社会变革，也正在进行着人类历史上最为宏大而独特的实践创新。这种前无古人的伟大实践，必将给理论创造、学术繁荣提供强大动力和广阔空间。这是一个需要理论而且一定能够产生理论的时代，这是一个需要思想而且一定能够产生思想的时代。”理论创造和实践创新相辅相成，对于我国新时代幼儿园保育、教育质量的提升至关重要。《幼儿园新入职教师规范化培训实施指南》的颁布既是高质量幼儿园教育和高质量幼儿园教师教育发展的重要标志，也是学前教育工作者奋进的新起点。作为《幼儿园新入职教师规范化培训实施指南》的研制团队，我们针对国家学前教育特别是高质量幼儿园教育、高质量幼儿园教师教育及其一体化的重大政策问题、理论问题、实践问题进行研究，不断形成新时代政策话语、理论话语和实践话语及其三位一体的优秀研究成果。我们希望通过自觉践行学前教育人的时代使命，努力在新时代生产出更多具有政策影响力、理论解释力和实践指导力的科研成果，为推动学前教育高质量发展作出贡献。“新幼师·幼儿园新入职教师规范化培训教材”即其中一个里程碑式的创新成果，是为新时代高质量幼儿园教师培训提供的创新性整体解决方案。

文章合为时而著，歌诗合为事而作。幼儿园教师是履行幼儿园教育教学工作的专业人员，需要经过严格的培养与培训。幼儿园新入职教师是学前教育发展的未来，他们的专业发展对于我国新时代高质量学前教育体系建设具有重要意义。作为“新幼师·幼儿园新入职教师规范化培训教材”的编写团队，我们瞄准国家学前教育中长期发展目标与重大战略需求，贯彻落实党中央和国家的相关政策要求，依据《幼儿园新入职教师规范化培训实施指南》，关切幼儿园教育与幼儿园教师教育的现实问题，积极谋划具有中国特色、中国风格、中国气派的幼儿园新入职教师规范化培训教材，构建知识体系、方法体系和课程内容体系，力求在教育现代化布局、教育高质量发展背景下形成一套“既顶天”——从幼儿园新入职教师岗位需求出发进行顶层设计，“又立地”——集理论内容、实践练习、自我反思于一体的、多种介质综合运用的、表现力丰富的新形态精品培训教材。

一、《幼儿园新入职教师规范化培训实施指南》解析

幼儿园新入职教师规范化培训实施指南

《培训实施指南》不仅标志着国家对幼儿园新入职教师培训进行了规范要求，同时还创造性地提出了一套教师培训理论框架和实践方法。换句话说，它不仅回应并较好解决了“一园一策”培训方案存在的效率低下、监督不足、资源匮乏等方面的问题，还针对性地、系统性地给出了目标规范、内容规范、路径规范、评价规范的“一揽子”培训解决方案。

（一）培训目标

幼儿园新入职教师（以下必要时简称“新教师”）作为园所发展的新生力量，具有时代感强、可塑性强、发展潜力大等显著特点。因此，如何在新教师入职初期抓住发展的关键期，夯实其岗位胜任基础，唤醒其内生学习动力，使之尽快成为合格的初任教师，并为今后的职业发展奠定良好素质基础，是幼儿园教师培训的重中之重。《培训实施指南》中的培训目标要求培训者通过设计系统化、规范化循序进阶的培训方案，开展实践性、激励式的规范化培训，从根本上提升幼儿园新入职教师的岗位胜任力和内生学习力。为快速提升岗位胜任力、有效激发内生学习力，指南要求新教师的培训目标要解决首次上岗后所要面对的关键岗位任务和面临的真实

工作问题，并通过以区（县）教师进修学校的教练式集中体验培训、培训幼儿园（培训基地）的师徒制基地浸润培训、聘任单位幼儿园的返岗实践培训的方式，切实帮助新教师实现岗位胜任力与内生学习力的双通道提升。

（二）培训内容

《培训实施指南》聚焦于关键岗位任务，并强调培训要支持新教师胜任关键岗位任务。根据“师德为先、幼儿为本、能力为重和终身学习”的理念，指南将培训内容分为 4 个模块——师德修养与职业信念、幼儿研究与支持、幼儿保育与教育、教育研究与专业发展，分别对应不同的关键岗位任务。4 个模块下设 18 个专题，分别对应教师关键岗位任务的胜任要素。18 个专题又细化为 52 个任务要求，分别对应关键岗位任务胜任要素的典型行为表现。指南同时还强调培训要将 52 个任务要求以“小而精”的形式转化为可操作、可记录与可评量的具体任务，即采用具有精准引导性、渐进探究性、小巧友好性、灵活拓展性的手册式或表格式活页记录单的形式，帮助新教师聚焦于关键岗位任务，达成胜任关键岗位任务的目标。

（三）培训路径

《培训实施指南》强调唤醒新教师的主动学习动机——通过集中体验培训、基地浸润培训和返岗实践培训的“三幕戏”，以及在每幕戏中帮助教师加深专业理解、解决实际问题和提升自身经验的“三部曲”，形成目标一致、层层递进、自主进阶的“九步培训路径”，对幼儿园新教师开展为期一年的培训。集中体验培训采用“教练式培训法”，重视对关键岗位任务进行案例式与体验性培训，强调“所教即所学—所学即所用—所用都好用”；基地浸润培训采用“师徒制培训法”，重视对关键岗位任务的演练式与实战性培训，强调“实用是实练—实练是实需—实需是实得”；返岗实践培训采用“园本式培训法”，重视对关键岗位任务的落地式与反思性培训，强调“好用就挪用—挪用就巧用—巧用就常用”。

（四）培训评价

《培训实施指南》重视随行激励评价，强调“真实且友好”的“随行性和持续性”评价——通过反应层、学习层、行为层和成果层 4 层培训评价模型，以及随学随评、随做随评和随思随评的 3 步循环进阶式考核路线，帮助新教师照镜子、定靶子、找路子，帮助培训者对靶子、调路子、建模子。反应层的评价是评量新教师对培训的基本态度，即对其幸福感的评量；学习层的评价是评量新教师对培训知识的掌握程度，即对其获得感的评量；行为层的评价是评量新教师对教师教学行为的改变，即对其有为感的评量；成果层的评价是评量新教师对幼儿的积极影响，即对其成就感的评量。4 层培训评价模型以及 3 步循环进阶式考核路线注重过程性评价、表现性评价，注重激励型的自我检核评价，其中，任务单即过程性评价、表现性评价的具体体现，激励型的自我检核评价即新教师完成一个个小目标时的自我审视和内在激励。

（五）培训条件与保障

《培训实施指南》要求整县持续推动幼儿园新入职教师培训，强调教育行政部门、专业培训团队、新教师各司其职——按照省市统筹、地市组织、整县推进的总体思路，省市教育行政部门负责规划、指导和评价，地市教育行政部门负责制订计划、实施方案和整合资源，县级教育行政部门发挥培训主体作用并实际负责与管理培训工作。专业培训团队分为集中培训团队、带教师傅团队、园所培训团队三组力量，按照实践导向原则分解培训任务，促进培训走向规范、有效且持续。新教师在培训前，进行真实的自我能力诊断，明确研修目标并制订个人研修计划；在培训中，认真学习培训内容，积极参与实践活动，及时反思学习经验；在培训后，回顾与分享培训收获，制订个人专业发展规划。整体培训工作坚持规范培训导向、岗位胜任导向、重心下移导向、模式创新导向，做到方案规范、机制规范、过程规范、评价规范和职责规范。

二、“新幼师·幼儿园新入职教师规范化培训教材”解析

（一）系列教材结构

该系列教材共 6 册，分别是《中华优秀传统文化融入幼儿园教育》《幼儿学习研究与支持》《幼儿典型行为观察与记录》《幼儿园教育活动计划与实施》《幼儿园区域游戏活动支持与指导》《幼儿园一日生活组织与保育》。上述 6 个册本是在充分调研幼儿园新入职教师真实培训需求的前提下，基于提升师德修养、发展专业能力、胜任岗位任务的原则，从 18 个培训专题中精心选择的。在这 6 个册本中，我们充分尊重幼儿园新入职教师的成长特点和发展规律，强调岗位胜任导向；体例及栏目设计遵循《培训实施指南》提出的培训路径和培训方式，但教材并非对指南的简单解读，教材中的章标题对应任务要点，节标题对应任务要求，具体内容是在指南基础上的内涵式拓展与延伸。

《中华优秀传统文化融入幼儿园教育》主要探讨适宜幼儿园教育的中华优秀传统文化，旨在帮助新时代幼儿园新教师自觉树立传承文化的意识，掌握将中华优秀传统文化融入幼儿园各种教育活动的途径与策略。《幼儿学习研究与支持》和《幼儿典型行为观察与记录》指向新时代幼儿园新教师应具备的专业素质和能力，指导他们有意识、有目的地在观察儿童、研究儿童的基础上支持儿童的学习与发展。《幼儿园教育活动计划与实施》《幼儿园区域游戏活动支持与指导》《幼儿园一日生活组织与保育》涉及幼儿园三种关键保教岗位任务，旨在帮助新教师掌握并胜任这三种关键岗位任务，运用科学的方法和适宜的策略组织儿童开展寓教于乐的教育活动。

（二）系列教材特点

本系列教材立足国家立场、基于儿童特点、尊重教育规律，为帮助新时代幼儿园新入职教师将内化的知识转化为外在的行动，表现出“所训即所学、所学即所用、所用即有用”的胜任岗位的典型行为，我们在设计和编写过程中充分重视并体现出培训规范性、练习进阶性、任务友好性、实践反思性和文化浸润性等编写特点。

1. 培训规范性

《培训实施指南》指出“幼儿园新入职教师的培训必须坚持规范导向”。教材内容坚持与培训内容保持一致，基于规范的培训目标设计规范的培训内容与培训方式，各章均涉及理论、实践、反思的培训内容，支持指南所要求的集中体验培训、基地浸润培训和返岗实践培训三步进阶的规范化培训方式。具体来说，教材在理论专题（通常是每章的第一节），通过理论讲解、案例呈现和“练一练”相结合的方式帮助新教师加深专业理解，有效支持集中体验培训阶段案例式与体验性的培训方式；在实践专题（通常是每章的第二节），采用文字或二维码的形式展示优秀课例，并以任务单的形式帮助新教师解决理论用于实践的实际工作问题，支持基地浸润培训阶段演练式与实战性的培训方式；在反思专题（通常是每章的第三节），围绕核心内容帮助新教师进行反思性思考，用“填一填”和同伴讨论等形式提升自身经验，支持返岗实践培训阶段落地式与反思性的培训方式。

2. 练习进阶性

教材遵照任务要点循序渐进的原则，逐步引导新教师对重要知识和技能进行学习和掌握，通过逐步提高练习的难度和深度的方式，帮助新教师建立知识体系和技能结构，逐步提升自身的岗位实践能力。教材将重点内容有机地分解为一系列小任务，通过“写一写”“填一填”“练一练”等形式将任务按照难易程度进行有序设计。此外，教材设计还注重随行激励评价。通常在章节的开始阶段，教材会提供一次“我从这里出发”的测试，旨在帮助新教师了解自身现有水平，通过前测，培训者还可以针对性地制订培训计划；在学习过程中，每个学习任务完成后都会有相应的练习小任务，这些练习可以帮助新教师巩固所学知识，并及时发现问题和不足之处；在章节的结束阶段，教材设计了“带着希望再出发”或“我走到了这里”的测试，用于新教师评价自己在学习结束时所达到的水平。通过前后测的对比，新教师能够自主了解自身水平和学习成效，这既便于新教师在后续培训中有针对性地选择学习内容，及时调整自身学习和培训进程；又便于培训者客观了解新教师的发展，建构更加适宜的培训体系。

3. 任务友好性

教材的一大亮点是为新教师提供了操作友好的任务单，帮助新教师在“学学练练”中加深专业理解、解决实际问题，提升自身经验。在教材中，重点学习目标和内容都会被细化为任务单。为了体现任务单的友好性，我们特别设计了流程提示和讨论要点框架，以清晰的语言和结构指导新教师完成特定的学习任务，理解和应用所学内容。一方面，任务单在系统化知识逻辑的基础上提供典型案例和焦点问题供讨论，其操作性特点能够帮助新教师根据自己的实际情况和需求进行学习。另一方面，任务单的灵活性特点能够帮助新教师根据自身情况选择不同的路径和方法来完成任务，支持个性化学习。此外，任务单还采用了直观的图表、示例和案例等形式，以帮助新教师更好地理解和应用所学知识。总之，教材通过提供带有提示的、可操作的任务单，为新教师提供了更便捷、更灵活的友好的学习与发展工具。

4. 实践反思性

教材注重提供基于实践情境的真实问题的反思工具，让教师能够通过反思实践不断提高自身的岗位胜任力。任务单是一种重要的反思工具，这些任务单既能帮助新教师记录和总结自己的实践经验、学习理解和思考感悟，又能帮助他们回顾自己在学习过程中的感悟、创意、疑惑和遭遇的挑战，通过填写任务单反思自己的保教行为，针对目标与内容进行自我评估与改进。例如，在《幼儿学习研究与支持》第三章第二节的任务单S2.2.5中，新教师可以从“教师支持幼儿的路线”和“幼儿建构知识的路线”两个方面反思教学过程，并使用“用台阶图等任一形式绘制教师与幼儿之间的互动路线图”的方式可视化地表征教学反思；与此同时，教师还可以思考自己在教学观摩活动中或在自己的教学过程中，发现的亮点、遇到的问题或改进的思考。除了任务单，教材还包括教师自主学习的任务、教育实践的建议、小组讨论框架或拓展阅读推荐等，这些导学栏目能够鼓励和支持新教师不断深化自己对教育理论和实践的理解，从而提升自身的专业素养和教育教学能力。

5. 文化浸润性

教材注重培养新教师的传统文化素养和传承文化的能力，旨在帮助新教师养成将中华优秀传统文化融入幼儿园日常教育活动的意识和能力。文化是民族的血脉，是人民的精神家园，将中华优秀传统文化融入幼儿园教育是培养“快乐学习中国娃”的基本途径和有利抓手。我们认为，中华优秀传统文化应该以唤醒、激发、熏陶和浸润等符合幼儿学习习惯和思维特点的方式融入幼儿园教育，让幼儿在一日生活各环节接触中华优秀传统文化，在感知、体验和操作中养成良好道德品质和行为习惯。因此在教材中，我们积极贯彻落实《完善中华优秀传统文化教育指导纲要》《关于实施中华优秀传统文化传承发展工程的意见》《“十四五”文化发展规划》，将中华优秀传统文化以“润物无声”的方式浸润在综合主题活动、区域游戏活动、一日生活活动、早期阅读活动的设计、组织与实施中，发挥“以文化人、文化育人”的功能。

（三）主要编写人员

我们以高标准、严要求的学术态度组建了教材编写团队。教材主编既有国内顶尖师范院校的学术领军人物，也有幼儿园教师培养一线院校的专家学者；既有国家教育科学研究机构的研究人员，又有一级一类、示范性幼儿园的园长；既有区（县）教师进修学校的骨干教研员，又有具有丰富实践经验的幼儿园特级教师。

在教材编写过程中，我们邀请专家学者、名园长、优秀一线教师和教研员深度参与，形成了立体化、多层次、实践取向的编写队伍，为落实《培训实施指南》中教练式、师徒制的培训路径，为教材内容的落地化和适切性找到了科学可行的本土化解决方案。这些专家、教师学术作风正、师德涵养高、学术功底扎实、实践技能过硬，特别重要的是具备很强的人格魅力和专业影响力。可以说，他们既是教材的编写者、创作者，同时也是新教师未来职业发展的标杆和榜样。

三、教材使用建议

本系列教材可以在不同的场景中灵活运用。下面我们将从区（县）教师进修学校的区域教师培训设计者、以高校研究者为主的理论导师和区（县）内骨干教师为主的实践导师为核心的教师培训者以及参加培训的教师（参训教师）三个角度来讨论如何使用教材。

（一）培训设计者使用

区（县）教师进修学校可以将本系列教材作为区域内系统设计幼儿园新入职教师（也可以是骨干教师）培训课程的指南和主要资源。培训设计者可以根据教材的内容制订培训计划和课程安排，确保培训活动的连贯性和系统性。教材中理论专题的练习可以作为集中体验培训中讨论活动的一部分，并结合教练式培训的特点，支持参训教师在培训过程中不断进行“学、习、思”三位一体的实践和体验；实践专题的任务单可以转化为基地浸润培训阶段和返岗实践培训阶段的研讨工具，使参训教师的研讨活动更加专业化和结构化，有效提高整个培训活动的科学性、规范性和系统性。同时，教材中反思专题的反思表格等可以用作促进参训教师反思和交流的工具，引导他们在实践中不断改进和完善教育教学行为。

（二）教师培训者使用

以高校研究者为主的理论导师和区（县）内骨干教师为主的实践导师为核心的教师培训者在使用本系列教材时，可以充分利用其中的资源作为培训内容。培训团队可以结合教材提供的理论内容、练习设计、实践案例和任务单等内容，准备专业性和针对性的培训内容，支持新教师通过集中体验培训加深专业理解，通过基地浸润培训巩固学习内容、解决实际问题，通过返岗实践培训反思教学过程、提升自身经验。培训团队还可以针对教材中的案例和问题，在集中体验培训阶段组织小组讨论和分享，或在基地浸润培训阶段将案例和问题转化为观摩活动研讨框架，促进参训教师之间高质量的互动与合作，提升培训质量。

（三）参训教师使用

幼儿园新入职教师或其他参训教师在使用本系列教材时，应从实际需求出发，灵活、合理安排学习时间和内容：第一，可以根据教材设计进行系统学习、认真练习与反思，将所学逐步运用于保育与教育实践，不断提高自身的岗位胜任力和内生学习力。第二，应充分利用教材中的反思任务单和案例分析任务单等，进行实践反思和自我评估，及时纠正错误和改进方法。第三，可以将教材当作实践解惑的工具书，特别是在返岗实践培训阶段，根据个人需求选择自己感兴趣的内容进行选择性学习或巩固性学习，灵活使用教材以解决个人在保教实践中的困惑；同时，对教材中提供的“拓展阅读”等自主学习板块，新教师应积极主动学习，以开阔自己的教育视野，提高专业素养。

关山初度尘未洗，策马扬鞭再奋蹄。我们要向成就这套教材而辛勤付出的人们表示感谢。感谢教育部对《幼儿园新入职教师规范化培训实施指南》研制团队的信任和委托，教材因此得以“生根发芽”；感谢教育部教师工作司对《幼儿园新入职教师规范化培训实施指南》研制过程的指导和帮助，教材伴随着指南研制逐渐“长出枝干”；感谢高等教育出版社的高度重视和大力支持，教材在此处获得了“肥沃土壤”。同时，还要感谢教材编写团队的卓越付出，感谢各参编园所的积极参与、配合，正是致力于幼儿园新入职教师规范化发展道路上的所有人的合力，才使得教材最终“开花结果、枝繁叶茂”，让这套教材达到了我们的最高期望。在编写过程中，我们参考了一些文献和资料，在此也一并向这些文献和资料的作者表示敬意和感谢。

我们衷心希望“新幼师·幼儿园新入职教师规范化培训教材”能够成为我国幼儿园新入职教师持续学习与专业发展道路上的“良师益友”，帮助他们获得岗位胜任力、激发内生学习力，又好又快地成为幼儿园教育教学工作的中坚力量，为培养德智体美劳全面发展的社会主义建设者和接班人作出贡献。

我国著名思想家梁启超先生在《少年中国说》中写道：“天戴其苍，地履其黄。纵有千古，横有八荒。前途似海，来日方长。”新时代幼儿园教师培养培训亟待我们“勿忘昨天的苦难辉煌，无愧今天的使命担当，不负明天的伟大梦想，以史为鉴、开创未来，埋头苦干、勇毅前行”。我们欢迎志同道合的朋友们携手同行，让科学保教理念深植于每一位新时代幼儿园教师培训者、幼儿园新入职教师的心中，让具有中国特色、中国风格、中国气派的新形态精品培训教材走向世界、走向未来。

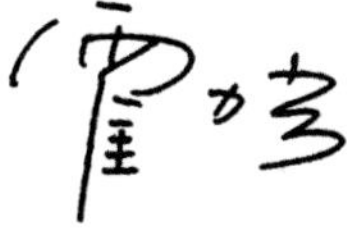

2023 年 12 月于北京师范大学英东楼

前言

党的二十大报告指出要“办好人民满意的教育”“加快建设高质量教育体系”，并特别提出“强化学前教育”。中共中央、国务院《关于学前教育深化改革规范发展的若干意见》提出，要“鼓励支持幼儿通过亲近自然、直接感知、实际操作、亲身体验等方式学习探索，促进幼儿快乐健康成长。开展幼儿园‘小学化’专项治理行动，坚决克服和纠正‘小学化’倾向”。在建设高质量教育体系的新时代背景下，学前教育亟待走出分科教学、直接讲授的“小学化”误区，以及漫无目的、随意嬉戏的“表面游戏化”误区，真正走向教师支持下的幼儿有效学习和终身发展。以符合幼儿学习特点的方式开展高质量幼儿园教育活动，是我国新时代学前教育高质量发展的重要组成部分，更是幼儿园新入职教师应该了解并胜任的关键岗位任务。本书对高质量的幼儿园教育活动（即综合主题活动）进行设计思路说明和实际操作指引，既是对建构具有中国立场、适宜中国儿童的幼儿园课程模式的一次有益尝试，又是基于中国价值、为了中国儿童的幼儿园课程与教学的原创性探索。

自《幼儿园管理条例》提出“以游戏为基本活动形式”以来，广大学前教育研究者和一线教师将这一教育理念积极付诸实践。随着科学保教理念的持续深化和幼儿园课程改革工作的不断推进，我们对幼儿园教育活动的认识也在发生变化，其中最深刻的变化就是对教育活动实施过程与师幼互动过程质量的不断重视。经济发展与合作组织（OECD）于 2021 年发布的《强势开端 VI：支持学前教育中的有意义互动》提出，学前教育要以提升过程质量为核心理念，通过课程与教学法、教师专业发展两条路径确保过程质量的有效提升。作为幼儿园教育活动的典型样态，综合主题活动是幼儿园教师引导并支持幼儿围绕有准备的主题，经由有意图的环节，聚焦有深度的探究，共享有成长的成果，达成有意义的学习的集体教育活动。幼儿园新入职教师要把握好综合主题活动的组织与实施，深刻理解其以下几方面的突出特点：

第一，以促进幼儿“有意义的学习”为首要目的。综合主题活动的目标是培养幼儿的品德、文化、学习品质和关键经验。这四类目标既是幼儿“学”的目标，又是教师“教”的目标，指向幼儿在教师支持下要实现的学习与发展的主要维度及核心内容，重点体现幼儿园教育“为谁培养人”和“培养什么人”的价值导向。

第二，以选择“有准备的主题”为活动基本线索。综合主题活动不是基于知识逻辑的分领域教学，而是基于主题导向、任务驱动的综合性学习，是对《3～6岁儿童学习与发展指南》提出的“关注幼儿学习与发展的整体性”的积极回应。综合主题活动将幼儿学习与发展看作一个整体，注重领域之间、目标之间的相互渗透和整合，有利于幼儿身心全面协调发展。

第三，以“有意图的环节”为活动实施路径。综合主题活动不是教师教授知识和技能，而是突出涵养学习品质的活动教学，是教师基于对幼儿已有经验和“最近发展区”的把握，通过适宜的支持策略有意图地支持幼儿的五段式学习——产生兴趣、主动体验、深度探究、分享合作、联想创意。

第四，以“集体性主动探究活动”为主要组织形态。综合主题活动不是分散的、自发的无结构嬉戏，也不是教师高控的间接经验传授，而是在教师的引导和支持下，师幼共同开展的、共享思维过程的主动探究活动，是教师引导并支持幼儿在探究活动过程中形成的师—幼、幼—幼学习共同体活动，并重点关注探究过程中的师—幼互动、幼—幼互动、幼—物互动的过程质量。

本书由霍力岩、赵旭莹系统设计并定稿。谷虹（北京师范大学博士研究生）、龙正渝（北京教育科学研究院）、万瑞（抚州幼儿师范高等专科学校）参与编写并完成书稿初次通读把关。夏天保（北京师范大学硕士研究生，重庆交通职业学院）、李柃霏（北京师范大学硕士研究生，北京市怀柔区第三幼儿园）分别是本书第二章、第三章的主要撰写者。感谢孙亚男（北京市大兴区第十一幼儿园）、王艳玲（北京市大兴区第七幼儿园）、佟立娜（北京市大兴区第七幼儿园）、刘洪波（北京市大兴区第七幼儿园）、阿淼羽（北京市顺义区建南幼儿园）、姚聪瑞（北京师范大学博士研究生）、贺暕琳（湖南少年儿童出版社）等人为本书提供的优秀案例，感谢高等教育出版社何淼编辑对本书提出的宝贵建议。希望本书有助于幼儿园新入职教师“教育活动计划与实施”能力发展，促进新入职教师专业能力提升，并为新时代中国高质量学前教育体系建设做出有益贡献。

本书编者

2024年4月

目　录

第一章 幼儿园教育活动设计

学习目标

学习本章内容后，你将能够更好地：

1. 理解幼儿园教育活动的概念与特点。

2. 掌握幼儿园教育活动方案的概念及框架。

3. 按照幼儿园教育活动各部分的设计要点完成活动方案的系统设计。

【想一想】

今天是晴朗的一天，阳光明媚，屋外温暖的阳光透过窗户照进活动室，小朋友们围坐在教师周围准备参加幼儿园教育活动“多吃水果身体棒”。首先，教师提问：“小朋友们，你们喜欢吃水果吗？”小朋友们异口同声地说：“喜欢！”教师继续提问：“你们爱吃哪些水果呢？”小朋友们有的说“我喜欢吃草莓”，有的说“我喜欢吃苹果”，还有的说“我喜欢吃香蕉”。随后，教师出示了5张水果图片，有苹果、橙子、香蕉、草莓、西瓜，并依次讲解吃这五种水果的益处。不知不觉地，10分钟过去了，有一些小朋友打着哈欠，还有几个小朋友和身旁的小伙伴窃窃私语起来。最后，教师组织小朋友们演唱歌曲《排排坐，吃果果》，大家你一言、我一语地跟唱着，并在教师宣布活动结束后立即离开了座位。

请你基于上述案例思考以下三个问题：

（1）上述情况是幼儿园教育活动该有的样子吗？如果不是，那什么才是幼儿园教育活动该有的样子呢？

（2）有效实施幼儿园教育活动的前提是做好活动方案设计。幼儿园教育活动方案应该包含哪些内容？

（3）如何设计幼儿园教育活动以有效支持幼儿的学习与发展？

【选一选】

请你在不借助任何参考资料的情况下，独立判断自己对幼儿园教育活动及活动方案的理论知识的理解，并在表 1-1 中相应的方框内画√。

表 1-1 教师自评表

序号	题 项	不符合	不太符合	一般	比较符合	非常符合
1	我认为幼儿园教育活动是教师让幼儿围绕一个主题进行自主探究的过程					
2	我认为幼儿园教育活动方案应包含活动目标、活动准备、活动过程、活动评价					
3	我认为幼儿园教育活动目标指向“为谁培养人”和“培养什么人”					
4	我认为幼儿园教育活动目标包含学习品质目标和关键经验目标					
5	我认为幼儿园教育活动准备指向“如何培养人”之“用什么培养人”					
6	我认为幼儿园教育活动准备应包含教师根据幼儿发展需要设计的半成品材料					
7	我认为幼儿园教育活动过程指向“如何培养人”之“遵循什么路径培养人”					
8	我认为幼儿园教育活动过程应包含产生兴趣、主动体验、深度探究、分享合作、联想创意五个环节					
9	我认为幼儿园教育活动评价指向“培养得如何”					
10	我认为幼儿园教育活动评价是对活动目标的情境化典型行为表现进行评价					

第一节 幼儿园教育活动设计的理论知识

【我来写一写】

1. 你心目中最典型的幼儿园教育活动是什么样的？请你尝试为下面界定幼儿园教育活动概念的关键词进行有顺序的连线，并在起点画上五角星，在终点画上小旗子。

2. 你认为幼儿园教育活动方案应该包含哪些内容？想要设计好每一部分的内容又需要考虑哪些要点？请根据自己的理解完成填空。

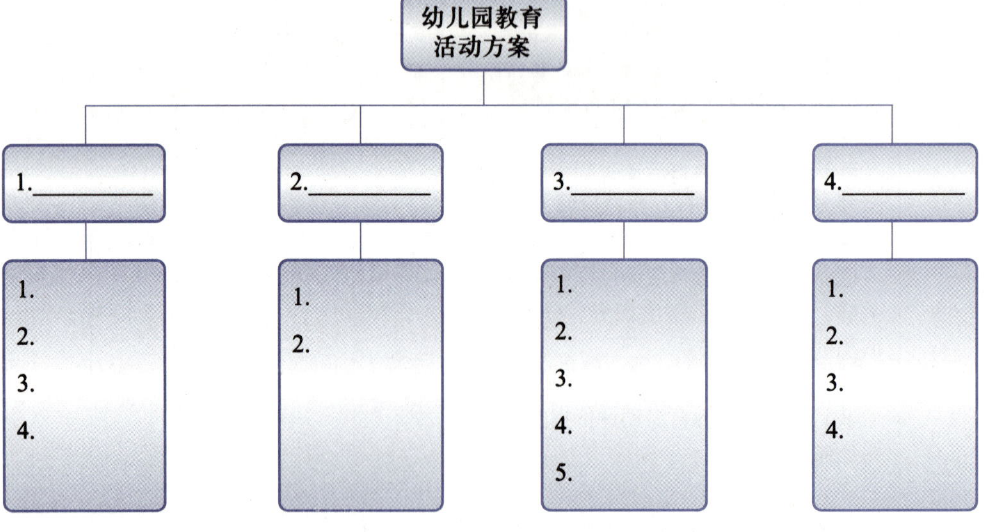

一、幼儿园教育活动的概念解析

《幼儿园教育指导纲要（试行）》中指出，幼儿园的教育活动是教师以多种形式有目的、有计划地引导幼儿生动、活泼、主动活动的教育过程。幼儿园综合主题活动是教师聚焦跨领域的教育内容，按照集体的组织形式，有目的、有计划地引导幼儿生动、活动、主动活动的教育过程，是幼儿园教育活动的典型样态之一。[①] 综合主题活动作为幼儿园教育活动的典型样态，是幼儿园教师引导并支持幼儿围绕"有准备的主题"，经由"有目的的环节"，聚焦"有深度的探究"，共享"有成长的成果"，达成"有意义的学习"的集体教育活动。它集合并消化了中西方多种教育理念和课程模式的优长，并遵循以下政策要点：

《中共中央　国务院关于学前教育深化改革规范发展的若干意见》强调，幼儿园要保护幼儿的好奇心和学习兴趣，尊重个体差异，鼓励支持幼儿通过亲近自然、直接感知、实际操作、亲身体验等方式学习探索，促进幼儿快乐健康成长。

《幼儿园教师专业标准（试行）》规定，幼儿园教师要在教育活动的设计和实施中体现趣味性、综合性和生活化，灵活运用各种组织形式和适宜的教育方式，提供更多的操作探索、交流合作、表达表现的机会，支持和促进幼儿主动学习。

《3～6 岁儿童学习与发展指南》强调，幼儿园要关注幼儿学习与发展的整体性；理解幼儿的学习方式和特点；尊重幼儿发展的个体差异；重视幼儿的学习品质。

具体而言，典型的幼儿园教育活动（综合主题活动）具有如下七个特点：

第一，一个综合性主题。活动的主题包含但不限于健康、语言、社会、科学、艺术这五大领域中的某一个领域，往往是多个领域的交叉和有机整合，这样更有利于幼儿在德、智、体、美、劳各方面的综合能力培养，也让幼儿园教育活动走出"表面化游戏"误区与"小学化"误区。

第二，四维教育目标。幼儿需要达成品德启蒙、文化底蕴、学习品质和关键经验这四个活动目标。品德启蒙和文化底蕴都是首要目标，指向落实教育起点阶段"立德树人"的根本任务，响应国家呼吁中华优秀传统文化融入各个教育阶段的政策要求。学习品质目标先于关键经验目标，为幼儿的终身学习和发展打下坚实基础。关键经验目标在位置上次于学习品质目标，但这并不代表它的重要性次于学习品质目标——关键经验作为一种初级形态的知识，符合幼儿的认知方式，它是幼儿认识世界的起点，是幼儿在系统掌握理性知识前必不可少的积淀。[②]

---

① 参见教育部发布的《幼儿园新入职教师规范化培训实施指南》。

② 霍力岩，胡恒波 . 关键经验：概念辨析与价值阐释 [J]. 幼儿教育，2015（31）：19-21.

第三，五段探究历程。幼儿从好奇心和学习兴趣的萌发开始逐渐进入深度学习、合作学习与创意学习，综合主题活动的五段探究历程就像电影中的慢镜头一样清晰地呈现出来。五段探究历程是指教师在组织开展教育活动时，五个前后衔接的步骤——产生兴趣、主动体验、深度探究、分享合作、联想创意。在这个过程中，教师切实引导和支持幼儿表现出各阶段的典型行为表现，从引发幼儿兴趣开始，由浅入深地引导幼儿主动开展有深度的探究性活动，接着幼儿互相分享、合作，最后对活动进行延伸和拓展。

第四，主动探究学习活动。幼儿的学习过程不是“小学化”的教师“教”、幼儿“学”的形式，而是通过引发幼儿兴趣，让幼儿通过积极主动的动手操作、亲身体验、深度探究、交流分享、想象创造等一系列行为，发展学习品质和关键经验。在活动过程中，教师通过各种方式充分激发并支持幼儿的主动性，变“要我学”的被动学习为“我要学”的主动学习。

第五，自主深度探究活动。综合主题活动是幼儿自主的、深度的学习活动。自主是指幼儿在好奇心和学习兴趣的内部驱动下，通过教师的引导和材料的支持，自己亲身参与探究，调动已有经验，掌控探究进程，进入深度学习状态，通过深度学习的过程获得成果物，从中建立自信心和成就感。

第六，自由分享学习活动。在分享合作环节，经历过相似的深度探究历程后，每个幼儿都有机会拿着自己的探究成果物进行分享，教师营造轻松、自由、安全的氛围，鼓励幼儿自由地分享、自在地表达，幼儿同时也会认真倾听他人的分享和表达。在此过程中，幼儿将自觉地展开社会观察学习，获得来自同伴的间接经验。

综合主题活动的关键术语解析

第七，自在创意学习活动。幼儿通过深度探究，获得了自己独特的认知经验，通过社会观察学习，在他人分享完以后联系自己的经验，进行重组、再造，于是产生创意和创造的新想法，并将想法进行迁移和延伸，运用到下次活动中。

随学随练

什么是幼儿园综合主题活动？

二、幼儿园教育活动方案的概念及框架

幼儿园教育活动方案是教师为顺利有效地组织实施幼儿园教育活动所设计的书面教学计划，是教学行动实施的根基以及必备的起始步骤。参考世界著名课程教育学家、课程专家泰勒关于课程开发四步骤的观点——确定教育目标、选择教育经

验、组织教育经验、评价教育计划，一份合格的幼儿园教育活动方案应该包含活动目标、活动准备、活动过程、活动评价四项内容（图 1–1）。

也就是说，综合主题活动教案应该在焦点目标的引领之下，进行有意图且丰富的活动准备，展开五个环节递进的活动过程，最终实现回溯目标，聚焦过程中幼儿典型行为表现的活动评价。

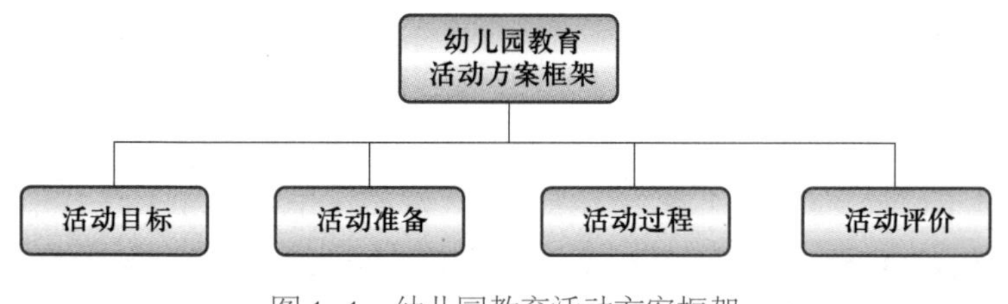

图 1–1　幼儿园教育活动方案框架

三、幼儿园教育活动目标及其设计要点

活动目标是幼儿园教育活动设计的靶心和灵魂，如果把活动组织比作射箭，那么活动目标就是靶心，之后关于射箭的任何行动都需要围绕靶心展开。具体而言，活动目标既是教师“教”的目标，又是幼儿“学”的目标，规定了幼儿在教师引导下要实现的学习与发展的主要维度及核心内容，指向幼儿园教育活动“为谁培养人”和“培养什么人”。

中华优秀传统文化融入幼儿园课程与教师培训课程的一体化实践探索

想要写好活动目标，教师就需要掌握以下七个设计要点：

第一，活动目标包含品德启蒙、文化底蕴、学习品质、关键经验四个方面。首先，教师应特别重视对幼儿的品德启蒙，以落实“立德树人”根本任务，为培养德智体美劳全面发展的社会主义建设者和接班人奠定坚实基础。其次，教师应尤其强调培养文化底蕴“从娃娃抓起”，以遵循国家加强中华优秀传统文化教育的战略部署。再次，教师应着力强化学习品质涵养，以践行不单纯追求知识技能学习、为幼儿后续的学习与终身发展奠定良好素质基础的时代要求。最后，教师应持续关注关键经验建构，以帮助幼儿掌握特定学科领域的基础性概念与能力，为幼儿日后学业成就发挥积极的影响作用。综上，幼儿园教育活动应围绕品德启蒙、文化底蕴、学习品质、关键经验四个方面设计活动目标。

第二，品德启蒙目标是隐性目标，以“润物细无声”的方式融入活动全过程，是“于无声处听惊雷”的涵养教育或浸润教育。从这个意义上来看，品德启蒙目标既是主要目标，又是隐性目标，还是终极目标，是有意图的、柔性浸入式的、可持续的“蒙以养正”。把德行目标放在第一位，不仅体现了从“体、智、德、美”到“德、智、体、美”再到“德、智、

大家谈：品德启蒙在幼儿园课程建构中生根发芽

体、美、劳”的教育理念转变，更是以实际可视的教育行为转变回归到“以德为先”“立德树人”的科学育人道路上来。

第三，文化底蕴目标也是隐性目标，同样以浸润的方式蕴含在活动过程中。文化是民族的血脉，是人民的精神家园，能够为人“立根树魂”。我们每个人从出生起就在文化的滋养中成长，那些蕴含在根基里、融进血脉中的中华文化，决定了我们是独一无二的中国人。把中华优秀传统文化融入幼儿园教育的“全面、全员和全过程”，是培养“快乐学习中国娃”的必要路径。

第四，学习品质目标是显性目标，也是第一培养目标。《3～6 岁儿童学习与发展指南》(以下简称《指南》) 指出，教师要“重视幼儿的学习品质。幼儿在活动过程中表现出的积极态度和良好行为倾向是终身学习与发展所必需的宝贵品质。要充分尊重和保护幼儿的好奇心和学习兴趣，帮助幼儿逐步养成积极主动、认真专注、不怕困难、敢于探究和尝试、乐于想象和创造等良好学习品质。忽视幼儿学习品质培养，单纯追求知识技能学习的做法是短视而有害的”。教师在设计教育活动时，一次活动可以重点涵盖 1—2 个学习品质目标。

第五，关键经验目标是显性目标，也是第二培养目标。关键经验是幼儿发展必须获得的经验，这些经验在幼儿的经验系统或经验结构中起着节点和支撑作用，对于选择课程内容和评价幼儿发展具有直接的指导意义。关键经验可以理解为《指南》中五大领域的幼儿发展目标。一次教育活动可以涵盖 2—3 个领域的关键经验，教师尤其应重视幼儿在科学和艺术领域的关键经验建构。

第六，从幼儿视角出发撰写目标，即以幼儿为陈述主语。例如，“能够在遇到困难的时候坚持不懈”，而非“告诉幼儿在遇到困难的时候坚持不懈”。

第七，目标的拟定要具体。教师要以幼儿前期经验为出发点，符合幼儿“最近发展区”，并结合活动内容进行具体描述，避免抽象和宏大。

随学随练

请用一句话概括幼儿园教育活动目标，并写出其设计要点中的 3—5 个关键词。

四、幼儿园教育活动准备及其设计要点

“道法术器”是中国人的哲学智慧。其中，“器”是指有形的物质或有形的工具，正所谓“工欲善其事，必先利其器”，可见活动准备对于幼儿园教育活动的开

展具有重要意义。在幼儿园教育活动中，活动准备要考虑幼儿的“最近发展区”要求以及幼儿实现“跳一跳，够得着”的现有经验基础，并重点考虑教师为帮助幼儿实现学习与发展所需要提供的“有准备的材料”，指向幼儿园教育活动“如何培养人”之“用什么培养人”。

想要写好活动准备，教师就需要掌握以下两个设计要点（图 1–2）：

第一，首先是经验准备。教师为幼儿设计的活动环节，向幼儿提供的活动内容要符合其“最近发展区”要求，教师在撰写活动准备时既需要写教师的经验准备，又需要写幼儿的经验准备；特别是幼儿的经验准备，要聚焦焦点目标——幼儿所呈现出的现有发展水平，而不是笼统的幼儿整体发展水平。

第二，其次是材料准备。这里的材料不是指剪刀、胶水、彩纸等在各种活动中都可能使用到的通用工具，而是教师为支持幼儿达成活动目标设计的兼具操作性和引导性的半成品材料。操作性提供了材料的操作机会和创造空间，强调的是幼儿与材料的直接互动，一份具有操作性的材料应该是“能玩、好玩”的材料；引导性则明确了材料的操作范围，强调的是在互动的基础上实现真正有意义的互动，一份具有引导性的材料应该是“蕴含有效学习基因、指向有益发展”的材料。

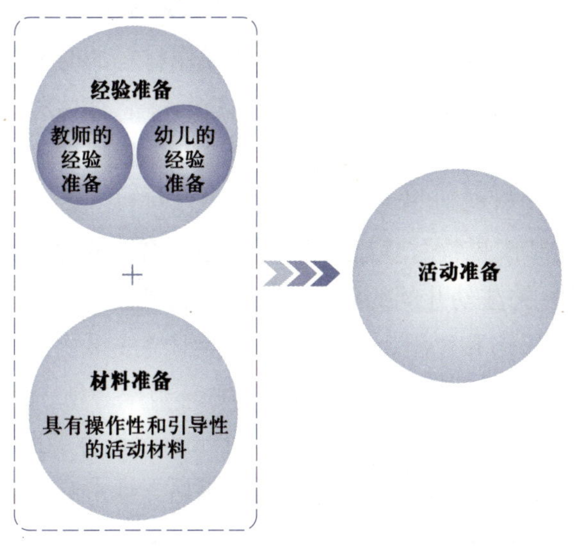

图 1–2　活动准备及其设计要点

随学随练

请用一句话概括幼儿园教育活动准备，并写出其设计要点中的 3—5 个关键词。

五、幼儿园教育活动过程及其设计要点

活动过程从幼儿有效学习的心理机制出发，蕴含教师为引导、支持幼儿实现学习与发展目标所采取的进阶环节及匹配策略，指向幼儿园教育活动“如何培养人”之“遵循什么路径培养人”。

想要写好活动过程，教师就需要掌握以下五个设计要点：

第一，作为幼儿园教育活动的典型样态，综合主题活动包括产生兴趣、主动体验、深度探究、分享合作、联想创意五个环节。教师应了解，综合主题活动以个体心理要素的发展次序为基本参照，即注意、感知觉、思维、语言、想象，设计了具有一定先后顺序的活动环节：第一是以激发幼儿无意注意并从无意注意转化至有意注意为主的产生兴趣环节；第二是以调动幼儿感知觉为主的主动体验环节；第三是以借助幼儿直觉行动思维和具体形象思维为主的深度探究环节；第四是以运用幼儿情境性语言为主的分享合作环节；第五是以发挥幼儿想象力为主的联想创意环节。

第二，教师要熟悉每一环节的核心要求（图 1–3）。产生兴趣环节应“轻、巧、快”，简短有力，教师要抓住幼儿感兴趣的内容，迅速激发他们的好奇心，并使他们产生进一步学习和探索的欲望；主动体验环节应“多、动、想”，注重幼儿的亲身体验，教师要给予幼儿充分感知操作材料的时间，创设宽容、包容的空间和心理环境，鼓励幼儿用自己的方式进行多感官体验；深度探究环节应“重、笨、慢”，重视幼儿亲身探究的步骤和深度，教师要设计有意图的半成品材料，让幼儿边操作材料边思考，边思考边操作材料，直至将半成品材料做成成品材料，也就是“成果物”，以达到行动与思维合一的真探究；分享合作环节应“展、比、联”，关注幼儿间的同伴学习和社会性发展，教师要支持幼儿大胆地分享自己的操作思路和过程，自信地与同伴围绕成果物进行相互交流和友好评价，并促进他们形成进一步合作；联想创意环节应“创、编、演”，侧重发散性思维的培养，教师应鼓励幼儿基于现有操作成果物进行创造性的想象，帮助教师自身与幼儿共同找到潜在的下一个“最近发展区”或形成新主题。

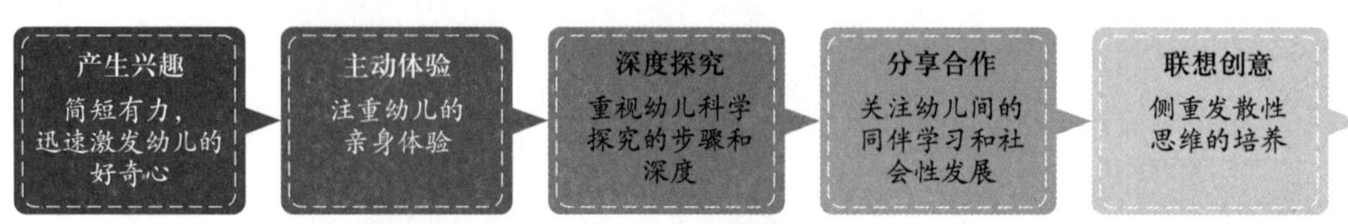

图 1–3　综合主题活动各环节的核心要求

第三，教师在设计每个环节时，要注意呈现关键的支架语、支架物、支架态、支架势。支架语是能够引导幼儿走向活动目标的教师指导语，是教师启动、推动、撬动五环节的关键用语；支架物是能够引导幼儿进行操作、思考的教师有意设计并

制作的半成品材料；支架态是能够促进幼儿思考或产生下一步行动的教师表情形态，表现为教师引导幼儿时呈现的表情、神态等；支架势是能够幼儿思考或产生下一步行动的教师形体，表现为教师引导幼儿时展示的手势、动作等。

随学随练

请用一句话概括幼儿园教育活动过程，并写出其设计要点中的3—5个关键词。

六、幼儿园教育活动评价及其设计要点

活动评价实际是将活动方案由文本设计转化成教学行动实施之后的工作，因为文本是静态的，所以只有转化成教学之后才能在真实的教学情境中进行评价。活动评价指向幼儿在教师支持下实现的学习与发展目标，指向幼儿在活动之后的典型行为表现，指向幼儿园教育活动“培养得如何”。

想要写好活动评价，教师就需要掌握以下四个设计要点（图1-4）：

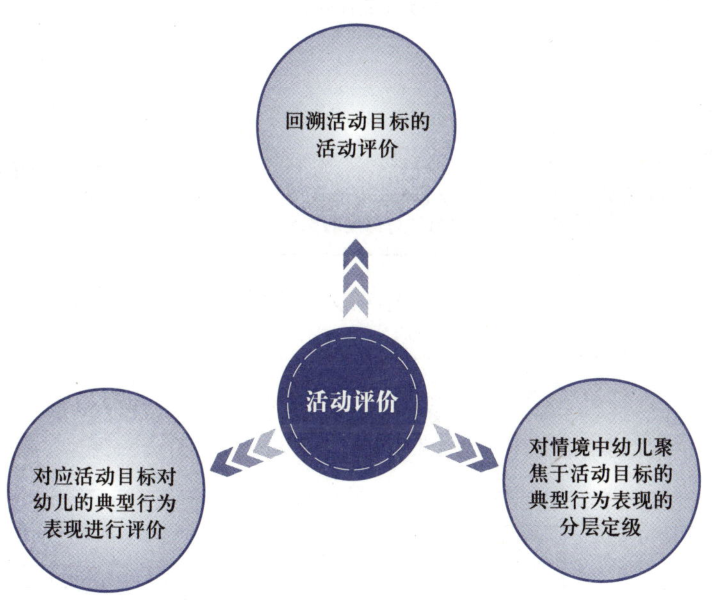

图1-4　活动评价的设计要点

第一，活动评价是回溯活动目标的，要紧扣活动目标的主要维度（如显性目标）及具体观测点进行。

第二，活动评价指对应活动目标，对幼儿的典型行为表现进行评价，即评价幼儿在幼儿园教育活动过程中及活动结束后具体的典型行为表现。

第三，活动评价是对活动目标在情境中幼儿的典型行为表现的分层定级，幼儿的典型行为表现分为水平一、水平二、水平三，教师要对幼儿的典型行为表现属于哪一级作出价值判断；

第四，活动评价的根本目的不是简单地将幼儿分级，而是指向下一次活动改进，支持幼儿迈向更高层级，逐层实现“最近发展区”水平上的学习与发展。

随学随练

请用一句话概括幼儿园教育活动评价，并写出其设计要点中的3—5个关键词。

【我来写一写】

1. 你心目中最典型的幼儿园教育活动是什么样的？请你尝试为下面界定幼儿园教育活动概念的关键词进行有顺序的连线，并在起点画上五角星，在终点画上小旗子。

2. 你认为幼儿园教育活动方案应该包含哪些内容？想要设计好每一部分的内容又需要考虑哪些要点？请根据自己的理解完成填空。

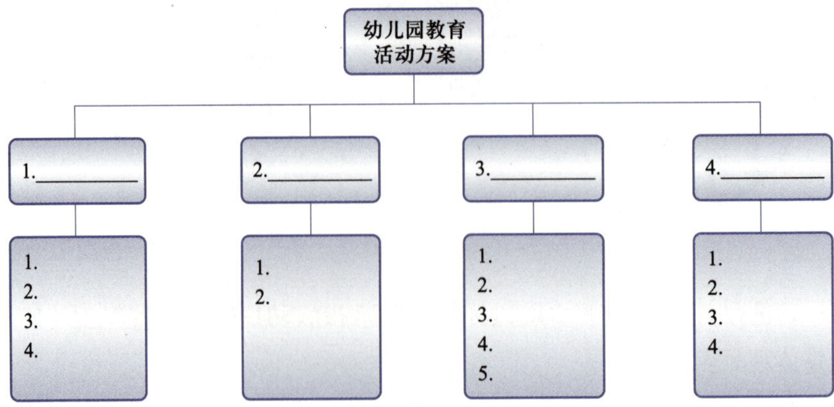

【我来练一练】

1. 围绕幼儿园教育活动目标、准备、过程及评价四部分，参照上面所学的设计要点，设计 1 份适合大班幼儿的、1 份适合中班幼儿的、1 份适合小班幼儿的幼儿园教育活动方案。

2. 记录设计上述 3 份幼儿园教育活动方案的过程。

【我来想一想】

1. 本节内容是否帮助你解决了设计幼儿园教育活动时遇到的问题？你还有什么其他问题需要解决吗？

2. 结合实践经验，你认为幼儿园教育活动目标、准备、过程、评价的设计要点还有什么需要补充的吗？

第二节 解决幼儿园教育活动方案设计的实际问题

【我来写一写】

请翻阅本书附录，阅读幼儿园大班教育活动“京剧脸谱‘找朋友’”、中班教育活动“我的超人妈妈”、小班教育活动“我身体上的‘洞洞’”3份活动方案，在表1-2中描述上述幼儿园教育活动的目标、准备、过程、评价分别是什么样的。

表1-2 活动分析表

幼儿园教育活动的组成部分	“京剧脸谱‘找朋友’”	“我的超人妈妈”	“我身体上的‘洞洞’”
活动目标			
活动准备			
活动过程			
活动评价			

一、幼儿园大班教育活动设计案例式解析

（一）实践 1.1.1：活动目标的设计

1. 品读案例

品德启蒙目标：感受互相关心、团结友爱的中华传统美德。

文化底蕴目标：感受京剧脸谱的外在形态与内在意蕴。

学习品质目标：能不怕困难地完成自己的任务。

关键经验目标：（1）艺术领域：能运用绘画、手工制作等表现自己观察到的或想象的京剧脸谱；（2）科学领域：能通过观察、比较与分析，发现并描述同伴间不同京剧脸谱的特征；（3）语言领域：能理解图画书中关于脸谱制作的核心故事情节。

2. 案例解析

该活动包括品德启蒙目标、文化底蕴目标、学习品质目标、关键经验目标四大类。首先是德行目标，旨在帮助幼儿在活动过程中潜移默化地涵养互相关心、团结友爱的中华传统美德；其次是文化底蕴目标，旨在帮助幼儿在活动过程中“润物细无声”地感受中国传统艺术之京剧脸谱的外在形态与内在意蕴；再次是学习品质目标，旨在支持幼儿不怕困难地完成自己的任务，帮助幼儿在活动过程中养成坚持性这一指向“如何学习”的学习品质；最后是关键经验目标，旨在帮助幼儿达成《指南》中艺术、科学、语言领域 5～6 岁的部分发展目标，帮助幼儿在活动过程中建构指向“学习什么”的关键经验。

与此同时，四个活动目标均以幼儿为主语进行表述，并努力贴合幼儿前期经验，且结合京剧脸谱的活动内容进行了具体描述，相对可行。

3. 对标完善，填写任务单

任务单 S1.1.1
对标案例完善幼儿园教育活动目标
1. 回顾关于活动目标的设计要点，你认为“京剧脸谱‘找朋友’”的活动目标落实了设计要点吗？你是如何判断的？

续表

2. 你觉得“京剧脸谱‘找朋友’”的活动目标对你的启发是什么？请写出三点，越具体越好。
3. 你将如何进一步调整、完善自己的大班教育活动目标？请写出三种可操作的方法，越具体越好。
4. 请写出你在设计自己的幼儿园教育活动方案中的活动目标时的故事，50～100 字。

请翻看你在学习本章第一节后设计的3份教育活动方案中的活动目标，并依据填写任务单后的启发对其进行完善，行动起来！

（二）实践 1.1.2：活动准备的设计

1. 品读案例

经验准备：

（1）教师经验准备：明白积极学习品质中坚持性的内涵及其支持策略；了解《指南》中 5～6 岁幼儿艺术、科学、语言领域的发展目标及相应的支持策略；掌握京剧脸谱中“三块瓦”这一关键要素；知道京剧脸谱中不同颜色、纹样的象征意义；能熟练绘制京剧脸谱。

（2）幼儿经验准备：参与过卡纸装饰或面具制作的活动；在环境创设中看到过京剧脸谱的照片；阅读过有关京剧脸谱的原创图画书。

物质准备：

教学 PPT、原创图画书《孙大圣你在庙会吗》、“三块瓦”京剧脸谱拼图块、“三块瓦”京剧脸谱拼图纸、有压痕的孙悟空空白脸谱纸模、孙悟空脸谱绘制流程图、无压痕的空白脸谱纸模块、孙悟空创意脸谱参考图。

2. 案例解析

该活动的准备包含经验准备和物质准备两个部分，其中经验准备又分为教师经验准备和幼儿经验准备。教师经验准备主要是指教师关于支持幼儿达成活动目标（尤其是学习品质目标和关键经验目标）所需提前具备的专业理论知识和专业实践能力，例如明白积极学习品质中坚持性的内涵及支持策略，了解《指南》中艺术、科学、语言领域 5～6 岁幼儿的发展目标及相应的支持策略。

活动准备还包括物质准备，除教学 PPT、原创图画书外，物质准备还包括特别重要的、蕴含教师教育意图的半成品材料，如“三块瓦”京剧脸谱拼图块、“三块瓦”京剧脸谱拼图纸、有压痕的孙悟空空白脸谱纸模、孙悟空脸谱绘制流程图、无压痕的空白脸谱纸模块、孙悟空创意脸谱参考图。幼儿通过与以上具有操作性和引导性的半成品材料进行互动，逐步达成活动目标。

3. 对标完善，填写任务单

任务单 S1.1.2
对标案例完善幼儿园教育活动准备
1. 回顾关于活动准备的设计要点，你认为“京剧脸谱‘找朋友’”的活动准备落实了设计要点吗？你是如何判断的？
2. 你觉得“京剧脸谱‘找朋友’”的活动准备对你的启发是什么？请写出三点，越具体越好。
3. 你将如何进一步调整、完善自己的大班教育活动准备？请写出三种可操作的方法，越具体越好。
4. 请写出你在设计自己的幼儿园教育活动方案中的活动准备时的故事，50～100 字。

请翻看你在学习本章第一节后设计的大班教育活动方案中的活动准备，并依据填写任务单后的启发对其进行完善，行动起来！

（三）实践 1.1.3：活动过程的设计

1. 品读案例

1. 产生兴趣

教师通过向幼儿展示自己制作的孙悟空京剧脸谱，激发幼儿对京剧脸谱制作的兴趣。

支架语 1：小朋友们好，你们看看老师手上拿着的是什么呀？

（支架物：教师提前制作好的孙悟空京剧脸谱；支架态：露出神秘的微笑；支架势：将京剧脸谱从身后突然掏出。）

幼儿预期表现：略。

支架语 2：老师听到有小朋友说是京剧脸谱，恭喜你答对啦！京剧脸谱是我们国家传统艺术京剧里面所用的一种常用的化妆方法。它可以用专门的油彩画在脸上，也可以用水彩笔画在纸上，还可以用水粉画在纸模上。你们看，老师就用纸模做了一个京剧脸谱！（支架物：教学 PPT；支架态：抬头挺胸，作自豪状；支架势：单手指向教学 PPT。）

幼儿预期表现：略。

支架语 3：小朋友们想不想和老师一样，做一个孙悟空的京剧脸谱呀？大家可以先猜猜做这个京剧脸谱需要哪些材料呢？（支架物：教师事先做好的孙悟空京剧脸谱；支架态：皱眉、转眼珠；支架势：用食指在头边画圈。）

幼儿预期表现：略。

设计意图：激发幼儿对京剧脸谱的好奇心和进一步探究的兴趣。

2. 主动体验

教师请幼儿派小组代表上台领取制作京剧脸谱的半成品材料，并引导幼儿用多种感官感知材料。

支架语 1：老师为大家准备了制作京剧脸谱需要的材料，请各小组组长上台领取你们小组的材料！（支架物：制作京剧脸谱的半成品材料；支架态：微笑；支架势：一只手四指并拢指向材料处。）

幼儿预期表现：略。

支架语 2：现在大家已经拿到了材料，请充分调动你们的小手、小眼睛、小嘴巴，仔细看一看，摸一摸，说一说它们到底是什么呢？（支架物：制作京剧脸谱的半成品材料；支架态：微笑，环视全体幼儿；支架势：走到一组幼儿旁边，指向桌面的一些材料。）

幼儿预期表现：略。

支架语 3：刚才有小朋友跟老师说了，这些材料分别是纸模、水粉颜料、画笔，那谁能告诉老师怎样使用这些材料制作出一个京剧脸谱呢？（支架物：制作京剧脸谱的半成品材料；支架态：眉头微皱，嘴巴微闭；支架势：用手轻轻依次拿起材料。）

幼儿预期表现：略。

支架语 4：有小朋友刚才说了，可以涂色，那到底该怎么涂呢？先涂什么，后涂什么？有没有什么涂色小妙招可以使用呢？（支架态：皱眉、转眼珠；支架势：上身前倾。）

幼儿预期表现：略。

设计意图：引导幼儿用多种感官感知制作京剧脸谱的半成品材料。

3. 深度探究

教师逐步引导幼儿主动探索京剧脸谱中“三块瓦”的含义、上色顺序、颜色及纹样象征意义。

支架语 1：要想画好京剧脸谱，最重要的是掌握“三块瓦”，它其实不是真正的瓦片，而是人物额头、两个脸颊这三块同样颜色的区域。现在就让我们一起挑战一下“三块瓦”京剧脸谱的平面拼图吧。（支架物：教学 PPT 中“三块瓦”京剧脸谱图片，“三块瓦”京剧脸谱拼图块和拼图纸，《高山流水》音乐；支架态：微笑；支架势：播放轻音乐，轮流走到每一组幼儿旁边，观察他们的制作情况。）

幼儿预期表现：略。

支架语 2：现在我们需要为京剧脸谱上色，首先，我们要为人物涂上大面积的底色；其次，我们要从上而下，勾勒人物的眉毛、眼睛、鼻子、嘴巴；最后再在他的额头上画上装饰。现在大家可以按照步骤并参考成品图在有压痕的纸模上绘制孙悟空的京剧脸谱啦。（支架物：孙悟空脸谱绘制流程图，《高山流水》音乐；支架态：微笑；支架势：俯身观察。）

幼儿预期表现：略。

支架语 3：小朋友们在画好自己的孙悟空京剧脸谱后，请仔细观察下它，看看什么颜色用的是最多的？有小朋友说是红色，那你们知道这是为什么吗？老师告诉大家，京剧脸谱是用颜色来表现人物特点的，红色是忠诚、勇敢的象征。同时，人物的额头上一般也是与这个人密切相关的东西，有的是武器。（支架物：教学 PPT 中各色脸谱的图片，《高山流水》音乐；支架态：微笑；支架势：上身微微前倾。）

幼儿预期表现：略。

支架语 4：我们都知道孙悟空非常勇敢，对自己的师父也十分忠诚，所以它的脸上有很多红色。而且孙悟空还有一个名字叫“斗战胜佛”，所以它的额头上有一颗佛珠。（支架物：孙悟空创意脸谱参考图，《高山流水》音乐；支架态：微笑；支架势：上身微微前倾。）

幼儿预期表现：略。

支架语 5：现在请小朋友将没有压痕的纸模块拼贴成一个完整脸谱吧，看看你能拼好立体形式的“三块瓦”吗？（支架物：无压痕的空白脸谱纸模块，《高山流水》音乐；支架态：微笑；支架势：依次举起若干空白脸谱纸模块。）

幼儿预期表现：略。

支架语 6：现在请大家开动你们的小脑筋，在自己拼好的空白纸模上绘制一个别出心裁的孙悟空京剧脸谱吧！（支架物：幼儿拼好的空白脸谱纸模，《高山流水》音乐；支架态：期待的表情；支架势：单手指向桌面上幼儿拼好的空白脸谱纸模。）

幼儿预期表现：略。

设计意图：支持幼儿逐步探索京剧脸谱的绘制。

成果物：每个幼儿一个固定形象的孙悟空京剧脸谱和一个创意形象的孙悟空京剧脸谱。

4. 分享合作

教师通过小游戏“找朋友”，引导幼儿发现自己制作的京剧脸谱和同伴制作的京剧脸谱的相同与不同，欣赏他人作品并借鉴有益经验。

支架语 1：小朋友们，老师发现大家做的京剧脸谱真是太棒了。现在请大家把你们的创意脸谱放在活动室空地的中央，围成一个圆圈，放好的小朋友和你身边的同伴拉起手，我们在脸谱作品的外边围成一个大圆圈。（支架物：教学 PPT 中作品展示墙的页面；支架态：微笑；支架势：走到可以放置脸谱的地方，并用手向幼儿示意。）

幼儿预期表现：略。

支架语 2：好，现在我们开始“赶大集”啦！大家边转圈边跟我一起念，“京剧脸谱找朋友，找到一个好朋友”，我说“停”，大家就停下来！（支架物：教学 PPT 中作品展示墙的页面；支架态：微笑；支架势：就近加入幼儿手拉手的圆圈中。）

幼儿预期表现：略。

支架语 3：来，“京剧脸谱找朋友，找到一个好朋友”，停。请这位小朋友跟我们说一下在你面前的脸谱和你自己的作品有哪些相同和不同之处呢？（支架物：教学 PPT 中作品展示墙的页面；支架态：微笑；支架势：与身边幼儿拉手并走动起来，接着走向准备发言的幼儿身旁。)

幼儿预期表现：略。

支架语 4：那请问刚才这位小朋友说的是谁的作品呀？你可以把你的作品送给他 / 她吗？(支架物：教学 PPT 中作品展示墙的页面；支架态：微笑；支架势：单手作举手状，接着走向准备发言的幼儿身旁。)

幼儿预期表现：略。

支架语 5：(走了两轮之后。) 我们换人喊“停”，有哪位小朋友愿意？好，那我们就跟着 ×× 的口令一起转圈“赶大集”。(支架物：教学 PPT 中作品展示墙的页面；支架态：微笑；支架势：单手作举手状。)

幼儿预期表现：略。

设计意图：引导幼儿愿意并大胆地用语言表达对他人作品的喜爱之情，积极主动地获得有益经验。

5. 联想创意

教师引领幼儿链接同伴作品得出“1+1 ＞ 2”的京剧脸谱。

支架语 1：请小朋友收好手中的孙悟空创意脸谱，然后将“三块瓦”的区域取下来。我们一起变个小魔术。(支架物：幼儿绘制完成的孙悟空创意脸谱；支架态：露出神秘的表情；支架势：拿起一个孙悟空创意脸谱，示范取下“三块瓦”的动作。)

幼儿预期表现：略。

支架语 2：取下来的小朋友和你身边至少 2 位同伴互换脸谱，拼贴成新的脸谱吧！做好的小朋友请将新的脸谱戴在脸上，让老师看到大家再次找朋友之后的孙悟空脸谱大变身！(支架态：微笑；支架势：单手作出数字 2 的手势。)

幼儿预期表现：略。

设计意图：引导幼儿使用彼此的成果物对京剧脸谱再次进行创意创作。

2. 案例解析

该活动过程包含产生兴趣、主动体验、深度探究、分享合作、联想创意五个环节。

其中产生兴趣环节主要遵循“轻、巧、快”的要求，教师通过突然出示孙悟空京剧脸谱，短时间内激发幼儿对京剧脸谱的好奇心和进一步探究的兴趣。主动体验环节主要遵循“多、动、想”的要求，教师通过引导幼儿调动多种感官，感知并猜想京剧脸谱的操作材料是什么以及如何操作。深度探究环节主要遵循

“重、笨、慢”的要求，教师通过蕴含活动目标的半成品材料，让幼儿边想边做，边做边想，在完成一个固定形象的孙悟空脸谱和一个创意形象的孙悟空脸谱中实现行动与思维合一的探究。分享合作环节主要遵循“展、比、联”的要求，教师通过小游戏“找朋友”，引导幼儿学会注意、观察、比较、联系，学习同伴作品。联想创意环节主要遵循“创、编、演”的要求，教师通过引导幼儿拆分自己的创意脸谱，并同周围2位同伴进行重新组合，从而形成再创作版的孙悟空创意脸谱。

除此之外，五个环节中每一环节都包含教师支架语、支架物、支架态、支架势，即教师在每一环节使用支架语时，都会相应地使用支架物，表现出相应的支架态、支架势，从而全方位助力幼儿达成活动目标。

3. 对标完善，填写任务单

任务单 S1.1.3
对标案例完善幼儿园教育活动过程
1. 回顾关于活动过程的设计要点，你认为“京剧脸谱‘找朋友’”的活动过程落实了设计要点吗？你是如何判断的？
2. 你觉得“京剧脸谱‘找朋友’”的活动过程对你的启发是什么？请写出三点，越具体越好。
3. 你将如何进一步调整、完善自己的大班教育活动过程？请写出三种可操作的方法，越具体越好。
4. 请写出你在设计自己的幼儿园教育活动方案中的活动过程时的故事，50～100字即可。

请翻看你在学习本章第一节后设计的教育活动方案中的活动过程，并依据填写任务单的启发对其进行完善，行动起来！

（四）实践 1.1.4：活动评价的设计

1. 品读案例

评测点	水平一	水平二	水平三
坚持完成任务	□不能完成一件需要坚持一段时间的任务	□在成人的要求和提醒下能完成需要坚持一段时间的任务	□能自觉完成需要坚持一段时间的任务，不需要提醒
会用艺术的形式表现	□不会用绘画和其他艺术表现形式表现	□能运用绘画和手工制作等表现自己观察到或想象的事物	□能用自己制作的美术作品布置环境、美化生活
观察、比较事物	□不喜欢观察事物	□能对事物或现象进行观察、比较，发现其相同与不同	□能通过观察、比较与分析，发现并描述不同种类物体的特征或某个事物前后的变化
理解故事内容	□不能正确回答所阅读故事相关的问题	□能正确回答所阅读故事相关的大部分问题	□能正确回答所阅读故事的全部问题

2. 案例解析

该活动评价主要针对幼儿在教师支持下要实现的学习品质目标以及艺术、科学、语言三个领域的关键经验目标，就幼儿在活动“京剧脸谱‘找朋友’”的真实情境中的典型行为表现进行评价。

在进行评价时，教师需要观察活动过程中幼儿对应上述评测点的真实行为表现，对其作出水平判断，同时避免对幼儿进行简单分级或“贴标签”，评价的目的是支持下一次活动改进，支持幼儿迈向更高层级，实现最近发展区水平的发展。

3. 对标完善，填写任务单

任务单 S1.1.4
对标案例完善幼儿园教育活动评价
1. 回顾关于活动评价的设计要点，你认为“京剧脸谱‘找朋友’”的活动评价落实了设计要点吗？你是如何判断的？

请翻看你在学习本章第一节后设计的教育活动方案中的活动评价，并依据填写任务单的启发对其进行完善，行动起来！

续表

2. 你觉得“京剧脸谱‘找朋友’”的活动评价对你的启发是什么？请写出三点，越具体越好。   3. 你将如何进一步调整、完善自己的大班教育活动评价？请写出三种可操作的方法，越具体越好。   4. 请写出你在设计自己的幼儿园教育活动方案中的活动评价时的故事，50～100 字。

二、幼儿园中班教育活动设计案例式解析

（一）实践 1.2.1：活动目标的设计

1. 品读案例

品德启蒙目标：感受孝老爱亲的中华传统美德。

文化底蕴目标：欣赏相框上的传统纹样装饰。

学习品质目标：能主动参与活动，在活动中表现出持续的兴致和热情。

关键经验目标：（1）艺术领域：能运用绘画、粘贴等方式表现自己观察到的超人妈妈是什么样的；（2）科学领域：能感知相框的结构特征，根据引导线折叠和粘贴出相框；（3）语言领域：能随着图画书情节的展开产生喜悦、感动等相应的情绪反应，体会妈妈对自己的爱。

2. 案例解析

该活动包括品德启蒙目标、文化底蕴目标、学习品质目标、关键经验目标四大类。首先是品德启蒙目标，旨在支持幼儿在活动过程中潜移默化地涵养孝老爱亲的中华传统美德；其次是文化底蕴目标，旨在同样支持幼儿在活动过程中“润物细无声”地欣赏中国传统艺术之传统纹样；再次是学习品质目标，旨在支持幼儿主动参与活动，在活动中表现出持续的兴致和热情，帮助幼儿在活动过程中养成主动性这一指向“如何学习”的学习品质；最后是经验目标，旨在支持幼儿达成《指南》艺术、科学、语言领域 4～5 岁幼儿的部分发展目标，帮助幼儿在活动过程中建构指向“学习什么”的关键经验。

与此同时，四个活动目标均以幼儿为主语进行表述，并努力贴合幼儿前期经验，且结合相框的活动内容进行了具体描述，相对可行。

3. 对标完善，填写任务单

任务单 S1.2.1
对标案例完善幼儿园教育活动目标 1. 回顾关于活动目标的设计要点，你认为“我的超人妈妈”的活动目标落实了设计要点吗？你是如何判断的？ 2. 你觉得“我的超人妈妈”的活动目标对你的启发是什么？请写出三点，越具体越好。

请翻看你在学习本章第一节后设计的中班教育活动方案中的活动目标，并依据填写任务单的启发对其进行完善，行动起来！

续表

3. 你将如何进一步调整、完善自己的中班教育活动目标？请写出三种可操作的方法，越具体越好。
4. 请写出你在设计自己的幼儿园教育活动方案中的活动目标时的故事，50～100 字。

（二）实践 1.2.2：活动准备的设计

1. 品读案例

经验准备：

（1）教师经验准备：明白积极学习品质中主动性的内涵，了解《指南》中艺术、科学、语言领域 4～5 岁幼儿的发展目标及相应的支持策略；了解幼儿的基本家庭状况。

（2）幼儿经验准备：幼儿会阅读图画书，绘制过人物画像；能够进行基本的语言表达。

物质准备：

《我的超人妈妈》图画书、教学 PPT、有引导线的彩色卡纸、幼儿提前准备的一张妈妈的照片、9 种超人妈妈场景图、9 种平常妈妈形象图（脸部空白）、有轮廓引导线的白纸、相框装饰纹样、相框支架。

2. 案例解析

该活动的准备包含经验准备和物质准备两个部分，其中经验准备又分为教师经验准备和幼儿经验准备。教师经验准备主要指教师关于支持幼儿达成活动目标（尤其是学习品质目标和关键经验目标）所需提前具备的专业理论知识和专业实践能力，例如明白积极学习品质中主动性的内涵及支持策略，了解《指南》中艺术、科学、语言领域 4～5 岁幼儿的发展目标及相应的支持策略。

活动准备还包括物质准备，除教学 PPT、原创图画书外，物质准备还包括特别重要的、蕴含教师教育意图的半成品材料，如有引导线的彩色卡纸、幼儿提前准备的一张妈妈的照片、9 种超人妈妈场景图、9 种平常妈妈形象图（脸部空白）、有轮廓引导线的白纸、相框装饰纹样、相框支架，幼儿通过与以上具有操作性和引导性的半成品材料进行互动，逐步达成活动目标。

3. 对标完善，填写任务单

任务单 S1.2.2
对标案例完善幼儿园教育活动准备 1. 回顾关于活动准备的设计要点，你认为“我的超人妈妈”的活动准备落实了设计要点吗？你是如何判断的？ 2. 你觉得“我的超人妈妈”对你的启发是什么？请写出三点，越具体越好。 3. 你将如何进一步调整、完善自己的中班教育活动准备？请写出三种可操作的方法，越具体越好。 4. 请写出你在设计自己的幼儿园教育活动方案中的活动准备时的故事，50～100 字即可。

请翻看你在学习本章第一节后设计的中班教育活动方案中的活动准备，并依据填写任务单的启发对其进行完善，行动起来！

（三）实践 1.2.3：活动过程的设计

1. 品读案例

1. 产生兴趣

教师播放妈妈和小朋友的图片，吸引幼儿的注意力，激发幼儿的好奇心。

支架语 1：小朋友们好！老师带来一个神秘的胶卷，里面藏着秘密，你们想知道是什么吗？（支架物：教学 PPT；支架态：疑问的表情，期待幼儿回答；支架势：播放教学 PPT。）

幼儿预期表现：略。

支架语 2：胶卷中有谁啊？（超人妈妈，两个小朋友。）他们是什么关系？（妈妈和她的两个孩子。）（支架物：教学 PPT；支架态：疑问的表情，期待幼儿回答；支架势：播放教学 PPT。）

幼儿预期表现：略。

设计意图：吸引幼儿的注意力。

2. 主动体验

教师展示图画书《我的妈妈是超人》，和幼儿一起充满感情的阅读图画书中关键情节。

支架语 1：哇！图中的小朋友们为妈妈准备了什么礼物？（支架物：教学 PPT；支架态：期待的表情；支架势：播放教学 PPT。）

幼儿预期表现：略。

支架语 2：他们为妈妈做了好看的相框，记录下超人妈妈的画像。你们想不想为自己的妈妈制作一个精美的相框送给妈妈呢？（支架物：教学 PPT；支架态：期待的表情；支架势：播放教学 PPT。）

幼儿预期表现：略。

设计意图：引导幼儿感知。

3. 深度探究

教师引导幼儿思考：哪个场景下的妈妈最厉害？为什么妈妈是“超人”？感受到妈妈的爱之后，教师引导幼儿为自己的妈妈制作一个相框来表达对妈妈的关心和爱。

台阶一：绘制超人妈妈头像

支架语 1：你觉得妈妈什么时候最厉害？她在哪？在做什么？（支架物：9 种场景图；支架态：期待的表情；支架势：展示教学 PPT。）

幼儿预期表现：略。

支架语 2：超人妈妈此刻是什么样子呢？请你拿出画笔画一画。（支架物：有轮廓引导线的白纸、幼儿提前准备的妈妈的照片、已经做好的相框模板；支架态：期待的表情；支架势：分发材料。）

幼儿预期表现：略。

支架语 3：嘘……这时的妈妈就像……（支架物：超能力元素贴纸；支架态：期待的表情；支架势：示范将贴纸贴在绘制好的画像上。）

幼儿预期表现：略。

台阶二：找出超能力的原因

支架语 4：妈妈为什么能成为“超人”？她做了什么呢？（支架物：9 种脸部空白场景图；支架态：疑问的表情；支架势：发放材料。）

幼儿预期表现：略。

支架语 5：这时妈妈又是什么样子呢？请你拿画笔画一画。（支架物：有轮廓引导线的白纸、幼儿提前准备好的妈妈的照片、已经做好的相框模板；支架态：期待的表情；支架势：分发材料。）

幼儿预期表现：略。

台阶三：制作相框

支架语6：那请小朋友们记录下妈妈不同的角色。为妈妈制作立体相框吧！（支架物：有引导线的彩色卡纸、制作相框步骤图；支架态：鼓励的表情；支架势：示范折叠并粘贴好相框。）

幼儿预期表现：略。

支架语7：留出一边不粘贴，将妈妈的第二张照片放入，再放入第一张照片。（支架物：幼儿制作好的两张妈妈画像、幼儿制作好的相框、魔术贴；支架态：鼓励的表情；支架势：示范如何放置两张照片。）

幼儿预期表现：略。

支架语8：请小朋友们装饰一下相框，并安置好相框支架吧！（支架物：相框装饰贴纸、相框支架；支架态：鼓励的表情；支架势：分发材料。）

幼儿预期表现：略。

设计意图：引导幼儿深度探究。

★成果物：妈妈画像的相框。

4. 分享合作

幼儿展示制作好的相框，说出制作的过程，讲述自己想告诉妈妈的话，表达对妈妈的感恩之情。

支架语1：谁来说说你是怎么制作相框的？当你把相框送给妈妈时，你想和妈妈说些什么？（支架物：幼儿自己制作好的相框；支架态：期待的表情；支架势：引导幼儿展示相框细节，说出想要对妈妈说的话）

幼儿预期表现：略。

支架语2：除了送给妈妈相框，我们还能为妈妈做什么呢？（支架物：教学PPT、幼儿做好的相框；支架态：鼓励、肯定的表情；支架势：邀请小朋友继续分享。）

幼儿预期表现：略。

设计意图：引导幼儿展示分享。

5. 联想创意

教师肯定幼儿的表现，引导幼儿要对爸爸、妈妈感恩和关心。

支架语：妈妈非常爱你们，所以你们也要感谢自己的妈妈，学会爱妈妈哦！其实爸爸也是超人，他的超能力，我们下次再揭秘吧！（支架物：图画书；支架态：鼓励、微笑的表情；支架势：教师肯定幼儿，可以用拥抱、伸出大拇指等方式表扬幼儿。）

幼儿预期表现：略。

设计意图：引导幼儿进一步对爸爸、妈妈表达关心，自然结束活动。

2. 案例解析

该活动过程包含产生兴趣、主动体验、深度探究、分享合作、联想创意五个环节。

其中产生兴趣环节主要遵循“轻、巧、快”的要求，教师引导幼儿通过背影猜测胶卷中的人物形象，短时间内吸引幼儿的注意力，激发幼儿对活动主题的学习兴趣。主动体验环节主要遵循“多、动、想”的要求，教师通过引导幼儿调动视觉、听觉等，观察、感知并猜想图画书中小朋友为妈妈制作了什么样的生日礼物，以及使用了哪些材料。深度探究环节主要遵循“重、笨、慢”的要求，教师通过蕴含活动目标的半成品材料，让幼儿一边动手一边动脑，在完成给妈妈制作一个相框的过程中建构关键经验、涵养学习品质。分享合作环节主要遵循“展、比、联”的要求，教师引导幼儿学会介绍自己制作相框的过程，并表达对妈妈的感恩之情。考虑到中班幼儿的年龄特点，联想创意环节暂不作设计要求，自然结束活动即可。

除此之外，五个环节中每一环节都包含教师支架语、支架物、支架态、支架势，即教师在每一环节使用支架语时，都会相应地使用支架物，表现出相应的支架态、支架势，从而全方位助力幼儿达成活动目标。

3. 对标完善，填写任务单

任务单 S1.2.3
对标案例完善幼儿园教育活动过程 1. 回顾关于活动过程的设计要点，你认为“我的超人妈妈”的活动过程落实了设计要点吗？你是如何判断的？ 2. 你觉得“我的超人妈妈”的活动过程对你的启发是什么？请写出三点，越具体越好。 3. 你将如何进一步调整、完善自己的中班教育活动过程？请写出三种可操作的方法，越具体越好。 4. 请写出你在设计自己的幼儿园教育活动方案中的活动过程时的故事，50～100 字。

请翻看你在学习本章第一节后设计的中班教育活动方案中的活动过程，并依据填写任务单的启发对其进行完善，行动起来！

（四）实践 1.2.4：活动评价的设计

1. 品读案例

评测点	水平一	水平二	水平三
参与	□不愿意或不积极参加活动	□在成人的带领下能积极参加和投入活动	□主动参与活动，在活动中表现出持续的兴致和热情
会艺术的形式表现用	□不会用绘画和其他艺术表现形式表现	□能运用绘画和手工制作等表现自己观察到或想象的事物	□能用自己制作的美术作品布置环境、美化生活
发现物体的结构特点	□不能体会物体和材料的特性	□能感知和发现常见物体和材料的性质或用途	□能发现常见物体、材料的结构与功能之间的关系
体会文学作品的情绪情感	□不能体会文学作品所表达的情绪情感	□能随着作品情节的展开产生喜悦、担忧等相应的情绪反应，体会作品所表达的情绪情感	□能准确表达文学作品所表达的情绪情感

2. 案例解析

该活动评价主要针对幼儿在教师的支持下要实现的学习品质目标，以及艺术、科学、语言三个领域的关键经验目标，就幼儿在活动“我的超人妈妈”的真实情境中的典型行为表现进行。

在进行评价时，教师需要观察活动过程中幼儿对应上述评测点的真实行为表现，对其作出水平判断，同时避免对幼儿进行简单分级或“贴标签”，评价的目的是支持下一次活动改进，支持幼儿迈向更高层级，实现“最近发展区”水平的发展。

3. 对标完善，填写任务单

任务单 S1.2.4
对标案例完善幼儿园教育活动评价
1. 回顾关于活动评价的设计要点，你认为“我的超人妈妈”的活动评价落实了设计要点吗？你是如何判断的？   2. 你觉得“我的超人妈妈”的活动评价对你的启发是什么？请写出三点，越具体越好。

请翻看你在学习本章第一节后设计的中班教育活动方案中的活动评价，并依据填写任务单的启发对其进行完善，行动起来！

续表

3. 你将如何进一步调整、完善自己的中班教育活动评价？请写出三种可操作的方法，越具体越好。   4. 请写出你在设计自己的幼儿园教育活动方案中班活动评价时的故事，50～100 字。

三、幼儿园小班教育活动设计案例式解析

（一）实践 1.3.1：活动目标的设计

1. 品读案例

品德启蒙目标：学习自尊自爱的传统美德。

文化底蕴目标：感知传统水墨画的表现形态。

学习品质目标：能敏锐关注到周围的新鲜事物。

关键经验目标：（1）科学领域：喜欢通过探索的方式了解耳朵、鼻子、嘴巴等的名称；（2）健康领域：具有良好的生活与卫生习惯；（3）语言领域：能回忆起图画书中关于洞洞的核心故事情节。

2. 案例解析

该活动包括品德启蒙目标、文化底蕴目标、学习品质目标、关键经验目标四大类。首先是品德启蒙目标，旨在支持幼儿在活动过程中潜移默化地涵养自尊自爱的传统美德；其次是文化底蕴目标，旨在同样支持幼儿在活动过程中“润物细无声”地感知中国传统艺术之水墨画的表现形态；再次是学习品质目标，旨在支持幼儿敏锐关注到周围的新鲜事物，帮助幼儿在活动过程中养成好奇心这一指向“如何学习”的学习品质；最后是关键经验目标，旨在支持幼儿达成《指南》艺术、健康、语言领域 3～4 岁的部分发展目标，帮助幼儿在活动过程中建构指向“学习什么”的关键经验。

与此同时，四个活动目标均以幼儿为主语进行表述，并努力贴合幼儿前期经验，且结合活动内容进行了具体描述，相对可行。

3. 对标完善，填写任务单

任务单 S1.3.1
对标案例完善幼儿园教育活动目标 1. 回顾关于活动目标的设计要点，你认为“我身体上的‘洞洞’”的活动目标落实了设计要点吗？你是如何判断的？ 2. 你觉得“我身体上的‘洞洞’”的活动目标对你的启发是什么？请写出三点，越具体越好。 3. 你将如何进一步调整、完善自己的小班教育活动目标？请写出三种可操作的方法，越具体越好。 4. 请写出你在设计自己的幼儿园教育活动方案中的活动目标时的故事，50～100 字即可。

请翻看你在学习本章第一节后设计的小班教育活动方案中的活动目标，并依据填写任务单的启发对其进行完善，行动起来！

（二）实践 1.3.2：活动准备的设计

1. 品读案例

经验准备：

（1）教师经验准备：教师明白积极学习品质中好奇心的内涵，了解《指南》中科学、健康、语言领域 3～4 岁幼儿的发展目标及相应的支持策略；教师了解人体五官等及其作用；

（2）幼儿经验准备：幼儿知道身体鼻子、耳朵等“洞洞”，有阅读图画书的经历。

物质准备：

原创图画书《我身体上的“洞洞”》、教学 PPT、小镜子、娃娃的身体轮廓图、无纺布五官拼贴材料套组。

2. 案例解析

该活动的准备包含经验准备和物质准备两个部分，其中经验准备又分为教师经验准备和幼儿经验准备。教师经验准备主要是指教师关于支持幼儿达成活动目标（尤其是学习品质目标和关键经验目标）所需提前具备的专业理论知识和专业实践能力，例如明白积极学习品质中好奇心的内涵及支持策略，了解《指南》中科学、健康、语言领域 3～4 岁幼儿的发展目标及相应的支持策略。

活动准备还包括物质准备，除教学 PPT、原创图画书外，物质准备还包括特别重要的、蕴含教师教育意图的半成品材料，如娃娃的身体轮廓图、无纺布五官拼贴材料套组，幼儿通过与以上具有操作性和引导性的半成品材料进行互动，逐步达成活动目标。

3. 对标完善，填写任务单

任务单 S1.3.2
对标案例完善幼儿园教育活动准备 1. 回顾关于活动准备的设计要点，你认为“我身体上的‘洞洞’”的活动准备落实了设计要点吗？你是如何判断的？

续表

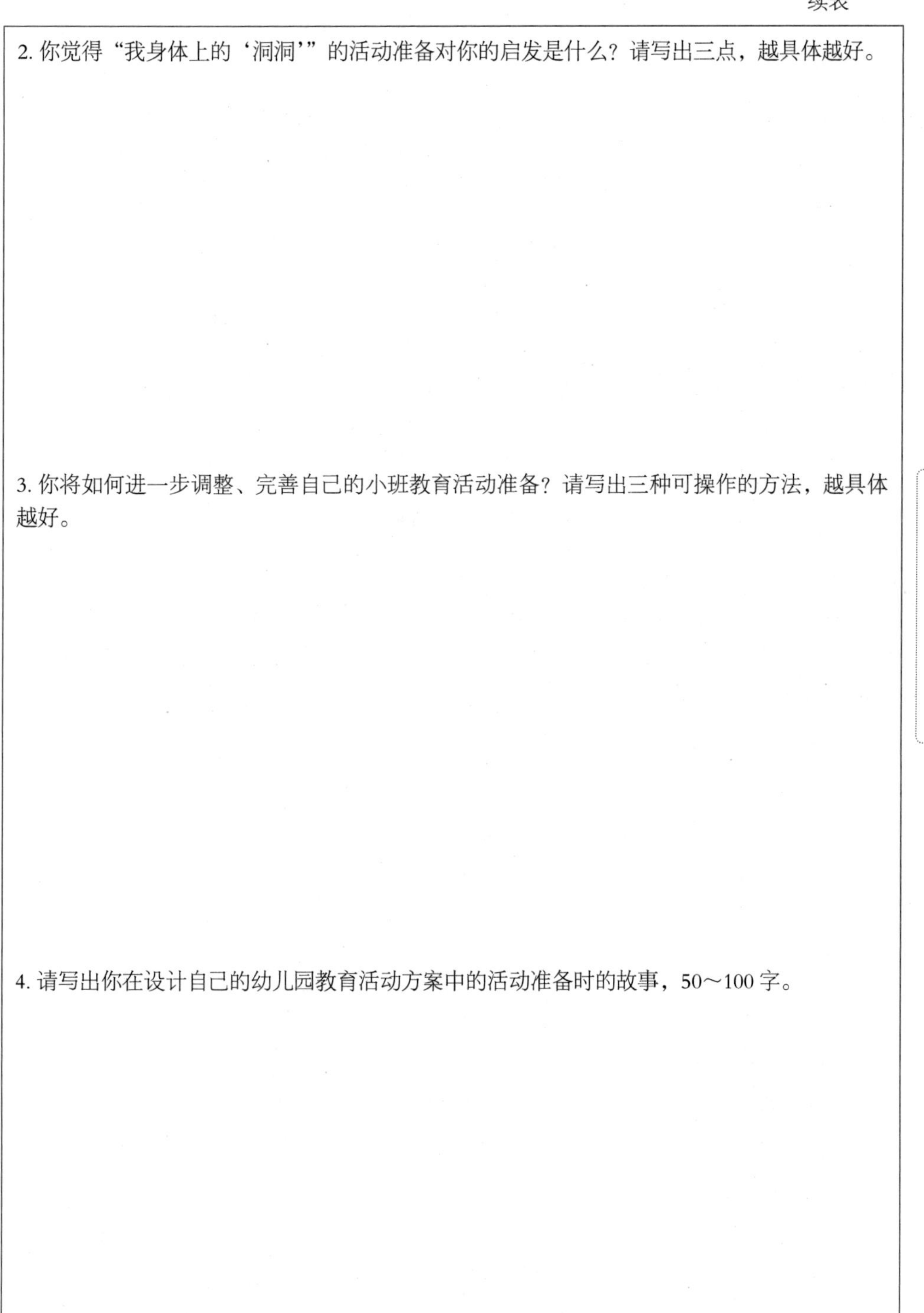

2. 你觉得“我身体上的‘洞洞’”的活动准备对你的启发是什么？请写出三点，越具体越好。
3. 你将如何进一步调整、完善自己的小班教育活动准备？请写出三种可操作的方法，越具体越好。
4. 请写出你在设计自己的幼儿园教育活动方案中的活动准备时的故事，50～100 字。

请翻看你在学习本章第一节后设计的小班教育活动方案中的活动准备，并依据填写任务单的启发对其进行完善，行动起来！

（三）实践 1.3.3：活动过程的设计

1. 品读案例

1. 产生兴趣

播放教学 PPT，吸引幼儿的注意力，引入活动的主题：身体上的“洞洞”。

支架语 1：咦？这是什么？请小朋友来说一说。（支架物：原创图画书《我身体上的“洞洞”》PPT；支架势：播放 PPT；支架态：好奇的表情。）

幼儿预期表现：略。

支架语 2：小朋友觉得这可能是小虫子的洞，可能是树的洞……你们真有想象力！一起来看一看吧！哦！原来是我们的嘴巴。（支架态：恍然大悟的表情；支架势：PPT 翻页。）

幼儿预期表现：略。

设计意图：对“洞洞”进行联想，激发幼儿讨论的兴趣。

2. 主动体验

投放小镜子，让幼儿找一找身体上的“洞洞”。

支架语：我们身体上还有哪些“洞洞”呢？请小朋友们用这面神奇的小镜子找一找吧！也可以观察一下你身边的小伙伴。（支架态：带着期待的表情；支架势：教师手拿小镜子示范。）

幼儿预期表现：略。

设计意图：使用小镜子初步感知身体上其他的“洞”。

3. 深度探究

（1）投放娃娃的身体轮廓图，画一画身体上的“洞洞”。

支架语 1：请小朋友将找出来的“洞洞”画在这张图片中的娃娃身上。（支架态：教师出示娃娃轮廓图示意，让幼儿明白可以怎么做。）

幼儿预期表现：略。

（2）投放无纺布五官拼贴材料套组，拼一拼、贴一贴身体上的五官“洞洞”。

支架语 2：小朋友们找到了身体上的“耳朵洞”“眼睛洞”“嘴巴洞”“鼻子洞”，并知道了它们在身体的哪个部位。现在快来选择你喜欢的眼睛、嘴巴、耳朵、鼻子的样子，拼一拼，贴一贴吧！（支架势：引导幼儿选择自己喜欢的五官形态，组合、拼贴到无纺布粘板上；支架态：引导、鼓励的语气。）

幼儿预期表现：略。

设计意图：让幼儿通过自主探究，了解身体上的“洞洞”的位置及五官的组合。

★成果物：五官创意拼贴画。

4. 分享合作

请幼儿相互欣赏和讨论自己拼好五官的娃娃。

支架语 1：现在请和我们说一说你拼的娃娃长什么样子啊？他的眼睛小小的、嘴巴是笑着的……（支架势：说一些示范性的语言启发幼儿描述；支架物：幼儿拼贴的五官图作品；支架态：鼓励、认可的眼神。）

幼儿预期表现：略。

支架语 2：那你拼的娃娃和别人拼的娃娃有哪些不一样呢？（支架势：引导幼儿互相看一看，说一说；支架态：鼓励的语气；支架物：请小朋友们分享。）

幼儿预期表现：略。

支架语 3：小朋友们说得真好，我们还发现不一样形状的眼睛、嘴巴、耳朵、鼻子在一起，会拼出长得不一样的娃娃。这也就是我们每个人的脸长得都不一样的原因，我们每个人都是独一无二的。（支架物：幼儿拼贴的五官图作品；支架态：赞许、认可的语气；支架态：引导幼儿分享作品并总结。）

幼儿预期表现：略。

设计意图：表达自己的发现、分享自己的作品，知道不同的五官组合在一起才有了不同的长相，知道自己的长相是独一无二的。

5. 联想创意

肯定幼儿的表现，告诉幼儿要注意保护好五官。

支架语：小朋友们真棒！发现了我们身体上的这么多“洞洞”。这些“洞洞”这么重要，大家不要用力抠、揉它们，也不要把脏东西塞进去，不让细菌跑进去，要注意保护它们哦！

幼儿预期表现：略。

设计意图：结束活动，提示幼儿保护身体上的“洞洞”。

2. 案例解析

该活动过程包含产生兴趣、主动体验、深度探究、分享合作、联想创意五个环节。

其中产生兴趣环节主要遵循“轻、巧、快”的要求，教师通过出示图画书中出现的五官图片，支持幼儿猜测这是什么，激发幼儿的好奇心与进一步探究的兴趣。主动体验环节主要遵循“多、动、想”的要求，教师通过引导幼儿使用小镜子观察自己身体上的“洞洞”，初步感知五官的位置和形态。深度探究环节主要遵循“重、笨、慢”的要求，教师通过蕴含活动目标的半成品材料，让幼儿在与半成品材料的互动中，最终完成五官创意拼图并获得关键经验，涵养学习品质。分享合作环节主要遵循“展、比、联”的要求，教师引导幼儿相互观察彼此的五官创意拼图，对比分析不同之处，感知每个人都是独特的生命体。考虑到小班幼儿的年龄特点，联想创意环节暂不作设计要求，自然结束活动即可。

除此之外，五个环节中每一环节都包含教师支架语、支架物、支架态、支架势，即教师在每一环节使用支架语时，都会相应地使用支架物，表现出相应的支架态、支架势，从而全方位助力幼儿达成活动目标。

3. 对标完善，填写任务单

任务单 S1.3.3
对标案例完善幼儿园教育活动过程 1. 回顾关于活动过程的设计要点，你认为“我身体上的‘洞洞’”的活动过程落实了设计要点吗？你是如何判断的？ 2. 你觉得“我身体上的‘洞洞’”的活动过程对你的启发是什么？请写出三点，越具体越好。 3. 你将如何进一步调整、完善自己的小班教育活动过程？请写出三种可操作的方法，越具体越好。 4. 请写出你在设计自己的幼儿园教育活动方案中的活动过程时的故事，50～100 字。

请翻看你在学习本章第一节后设计的小班教育活动方案中的活动过程，并依据填写任务单的启发对其进行完善，行动起来！

（四）实践 1.3.4：活动评价的设计

1. 品读案例

评测点	水平一	水平二	水平三
关注未知	□不关注未知的事物	□对新鲜的人或事物表现出一定程度的关注	□非常关心自己所不知道的或将要发生的事情
喜欢摆弄和探索	□不喜欢摆弄物品	□常常动手动脑探索物体和材料，并乐在其中	□能经常动手动脑寻找问题的答案，探索中有所发现时感到兴奋和满足
保护五官	□不懂得要保护五官	□懂得要保护五官	□主动保护五官
理解故事内容	□不能正确回答所阅读故事相关的问题	□能正确回答所阅读故事相关的问题	□能说出所阅读故事的主要内容

2. 案例解析

该活动评价主要针对幼儿在教师支持下要实现的学习品质目标以及科学、健康、语言三个领域的发展目标，就幼儿在活动“我身体上的洞洞”的真实情境中的典型行为表现进行。

在进行评价时，教师需要观察活动过程中幼儿对应上述评测点的真实行为表现，对其作出水平判断，同时注意避免对幼儿进行简单分级或“贴标签”，评价的目的是支持下一次活动改进，支持幼儿迈向更高层级，实现“最近发展区”水平的发展。

3. 对标完善，填写任务单

任务单 S1.3.4
对标案例完善幼儿园教育活动评价
1. 回顾关于活动评价的设计要点，你认为“我身体上的‘洞洞’”的活动评价落实了设计要点吗？你是如何判断的？
2. 你觉得“我身体上的‘洞洞’”的活动评价对你的启发是什么？请写出三点，越具体越好。
3. 你将如何进一步调整、完善自己的小班教育活动评价？请写出三种可操作的方法，越具体越好。
4. 请写出你在设计自己的幼儿园教育活动方案中的活动评价时的故事，50～100 字即可。

请翻看你在学习本章第一节后设计的小班教育活动方案中的活动评价，并依据填写任务单的启发对其进行完善，行动起来！

【我来写一写】

请根据本节对幼儿园大班教育活动“京剧脸谱‘找朋友’”、中班教育活动“我的超人妈妈”、小班教育活动“我身体上的‘洞洞’”活动方案的解析，在表 1-3 中再次描述上述活动的目标、准备、过程、评价分别是什么样的。

表 1-3 活动分析表

幼儿园教育活动的组成部分	“京剧脸谱‘找朋友’”	“我的超人妈妈”	“我身体上的‘洞洞’”
活动目标			
活动准备			
活动过程			
活动评价			

【我来练一练】

1. 根据本节的学习与实践，完善自己设计的 3 份幼儿园教育活动方案。

2. 记录完善 3 份幼儿园教育活动的过程，可以是文字形式的，也可以是视频形式的。

【我来想一想】

1. 本节案例是否发挥了为你进一步完善幼儿园教育活动方案时的参考价值？你理想中的参考案例应该是什么样子的呢？

2. 你认为本节案例还有哪些地方需要调整和修改？

第三节　反思自身是否能够设计好幼儿园教育活动方案

【我来写一写】

请你根据自己对幼儿园教育活动方案设计的理解，尝试完成“幼儿园教育活动设计树”的填写。

一、反思并完善活动目标的设计

在学习了幼儿园教育活动目标的设计要点，并切实感受了大、中、小班三个幼儿园教育活动的活动目标设计后，请以小组为单位或与你身边一同学习的伙伴围绕以下要点展开讨论并进行记录。

任务单 F1.1.1	
讨论要点	反思记录
1. 你觉得活动目标对于幼儿园教育活动方案的设计具有哪些意义？请结合自己的活动方案举例说明	
2. 教师在设计幼儿园教育活动目标时，需要掌握哪些设计要点？请结合自己的活动方案举例说明	
3. 除了上述设计要点，你还想补充哪些注意事项？	

二、反思并完善活动准备的设计

在学习了幼儿园教育活动准备的设计要点，并切实感受了大、中、小班三个幼儿园教育活动的活动准备设计后，请围绕以下要点展开讨论并进行记录。

任务单 F1.2.1	
讨论要点	反思记录
1. 你觉得活动准备对于幼儿园教育活动方案的设计具有哪些意义？请结合自己的活动方案举例说明	
2. 教师在设计幼儿园教育活动准备时，需要掌握哪些设计要点？请结合自己的活动方案举例说明	
3. 除了上述设计要点，你还想补充哪些注意事项？	

三、反思并完善活动过程的设计

在学习了幼儿园教育活动过程的设计要点，并切实感受了大、中、小班三个幼儿园教育活动的活动过程设计后，请围绕以下要点展开讨论并进行记录。

任务单 F1.3.1	
讨论要点	反思记录
1. 你觉得活动过程对于幼儿园教育活动方案的设计具有哪些意义？请结合自己的活动方案举例说明	
2. 教师在设计幼儿园教育活动过程时，需要掌握哪些设计要点？请结合自己的活动方案举例说明	
3. 除了上述设计要点，你还想补充哪些注意事项？	

四、反思并完善自身活动评价的设计

在学习了幼儿园教育活动评价的设计要点，并切实感受了大、中、小班三个幼儿园教育活动的活动评价设计后，请围绕以下要点展开讨论并进行记录。

任务单 F1.4.1	
讨论要点	反思记录
1. 你觉得活动评价对于幼儿园教育活动方案的设计具有哪些意义？请结合自己的活动方案举例说明	
2. 教师在设计幼儿园教育活动评价时，需要掌握哪些设计要点？请结合自己的活动方案举例说明	
3. 除了上述设计要点，你还想补充哪些注意事项？	

【我来写一写】

通过本次课程的学习，你是否对幼儿园教育活动的设计有了新的认识？请你再次完成“幼儿园教育活动设计树”的填写。

【我来练一练】

1. 根据活动目标、活动准备、活动过程、活动评价的反思要点，继续完善自己的 3 份幼儿园教育活动方案。

2. 详细记录完善 3 份幼儿园教育活动方案的过程。

【我来想一想】

1. 本节要点是否为你提供了反思幼儿园教育活动设计的重点内容呢?
2. 你认为幼儿园教育活动的反思记录还可以怎样调整和完善?

【再选一选】

学习完本章内容后，请你再次在不借助任何参考资料的情况下独立判断自己对幼儿园教育活动及活动方案理论知识的理解，并在表 1-4 中相应的方框内画√。

表 1-4　教师自评表

编号	题　项	不符合	不太符合	一般	比较符合	非常符合
1	我认为幼儿园教育活动是教师让幼儿围绕一个主题进行自主探究的过程					
2	我认为幼儿园教育活动方案应包含活动目标、活动准备、活动过程、活动评价					
3	我认为幼儿园教育活动目标指向“为谁培养人”和“培养什么人”					
4	我认为幼儿园教育活动目标包含学习品质目标和关键经验目标					
5	我认为幼儿园教育活动准备指向“如何培养人”之“用什么培养人”					
6	我认为幼儿园教育活动准备应包含教师根据幼儿发展需要设计的半成品材料					
7	我认为幼儿园教育活动过程指向“如何培养人”之“遵循什么路径培养人”					
8	我认为幼儿园教育活动过程应包含产生兴趣、主动体验、深度探究、分享合作、联想创意五个环节					
9	我认为幼儿园教育活动评价指向“培养得如何”					
10	我认为幼儿园教育活动评价是对活动目标的情境化典型行为表现进行评价					

【总结与应用】

一、我们分享的信息

幼儿园教育活动的典型样态——综合主题活动是幼儿园教师引导并支持幼儿围绕“有准备的主题”，经由“有意图的环节”，聚焦“有深度的探究”，共享“有成长的成果”，达成“有意义的学习”的集体教育活动。

幼儿园教育活动方案中的活动目标包含品德启蒙、文化底蕴、学习品质、关键经验四个目标。其中品德启蒙、文化底蕴是隐性目标，学习品质、关键经验是显性目标；隐性目标渗透在显性目标之中。学习品质目标主要指向“如何学习”，关键经验目标主要指向“学习什么”。

幼儿园教育活动准备涉及的物质准备是指教师设计并制作的“有准备的”半成品材料。

幼儿园教育活动方案设计的核心在于切实重视并按照产生兴趣、主动体验、深度探究、分享合作、联想创意五个环节的基本要求设计活动过程。

幼儿园教育活动评价强调对活动过程中对应活动目标的幼儿典型行为表现进行发展性评价。

二、你怎样去行动

认识到幼儿园教育活动不是主题网络图活动，也不是简单意义上的集体教育活动。

重视幼儿园教育活动的学习品质目标，支持幼儿在建构关键经验的同时培养学习品质。

了解半成品材料对于幼儿园教育活动走出“表面游戏化”误区和“小学化”误区来说具有不可或缺的价值。

掌握产生兴趣、主动体验、深度探究、分享合作、联想创意五个环节的基本要求。

知道幼儿园教育活动评价是基于真实教育情境对幼儿进行的评价与激励。

三、你的园所将会获得怎样的收益

收获幼儿园教育活动方案集。

收获教师设计并制作的有准备的玩教具集。

提升教师队伍整体的岗位胜任力。

提升包含课程领导力和基于课程领导力的教师领导力在内的园长领导力。

【拓展阅读】

[1] 爱泼斯坦 . 学前教育中的主动学习精要：认识高瞻课程模式：第 2 版 [M]. 霍力岩，等译 . 北京：教育科学出版社，2019.

该书详细阐释了高瞻课程模式的理论基础、实践路径、课程内容、评估体系、教师专业发展，是高瞻教育研究基金会在近十年来研究和实践的成果基础上的全面更新，有助于教师系统地了解幼儿是如何在教育活动中学习与发展的。

[2] 赵旭莹，周立莉 . 幼儿园教育活动：设计技巧与优秀案例 [M]. 北京：中国轻工业出版社，2014.

该书以开阔的视野和专业的视角对幼儿园教育活动进行深入浅出、全面系统的研究。全书分“理论篇”和“实践篇”两个部分：“理论篇”系统阐述了幼儿园教育活动的目标与内容、组织与指导、评价与建议等，详细介绍了设计幼儿园教育活动的技巧；“实践篇”按小班、中班、大班的顺序共介绍了 21 个优秀的幼儿园教育活动方案。该书对广大幼儿园教师开展幼儿园教育活动及其研究有指导意义。

第二章 幼儿园教育活动的组织实施

学习目标

学习本章内容后，你将能够更好地：

1. 理解幼儿园教育活动的实施过程与实施要点。

2. 了解和掌握幼儿园教育活动各环节的一般支持策略和具体支持策略。

3. 遵循幼儿园教育活动方案的实施过程，完善过程中的教师支持策略，进一步改进幼儿园教育活动方案。

【想一想】

（幼儿的视角。）聪聪老师今天要带我们玩“水墨江南”的游戏，她首先播放了一段视频，视频中，用水墨画的江南女子撑着油纸伞走在桥上，下面小溪中游着几条活灵活现的小鱼，真是漂亮极了。小朋友们都沉浸在烟雨江南的美景之中，接着，聪聪老师竟然说让我们一起进入画中！她拿出了纸伞、纸扇和笔墨，给我们示范了水墨画的画法。真是太奇妙了，我迫不及待地想要试试。我们分成了两个小组，我喜欢小鱼，选择了在扇面上画小鱼的小组；我的好朋友选择了在纸伞上画荷叶的小组，因为她最喜欢花了。哇！我们小组的作品完成了！我们认真欣赏其他小组的作品，大家都画得好棒呀，都迫不及待地想要上台展示自己的作品。我发现我的小鱼跟我的好朋友的荷叶好像啊，会不会是她的纸伞上的荷叶，跳进了小溪里，变成了我的小鱼呢？聪聪老师非常喜欢我的想法，说这是一个很美的童话故事。

请你基于上述案例思考以下三个问题：

（1）幼儿园教师在组织实施幼儿园教育活动时应该包括哪些步骤？

（2）幼儿园教师在组织实施幼儿园教育活动时需要使用哪些支持策略？

（3）幼儿园教师应该如何应用上述支持策略来引导幼儿？

【选一选】

请你在不借助任何参考资料的情况下，独立判断自己对幼儿园教育活动组织实施的理论知识的理解，并在表 2-1 中相应的方框内画√。

表 2-1 教师自评表

编号	题项	不符合	不太符合	一般	比较符合	非常符合
1	我认为幼儿园教育活动应在教师有目的、有计划地引领下，带动幼儿体验积极的学习过程，达成有意义的学习结果					
2	我认为幼儿园教育活动应是分环节、有步骤的，每一个步骤都应该有具体且有效的教师支持策略					
3	我认为在活动开始的导入环节教师应有目的地引导幼儿产生对活动的兴趣					
4	我认为在活动开始的导入环节应尽可能时间长，以保证幼儿有更强的兴趣					
5	我认为让幼儿自由地探索和玩耍是幼儿园教育活动最重要的组成部分					
6	我认为在幼儿体验之前，教师应给幼儿展示操作材料，并允许幼儿看一看、摸一摸，调动多感官体验操作材料					
7	我认为在幼儿自主探索的过程中，教师是“藏在里面”的，教师可以用材料中暗含的“机关”引导幼儿逐步解决问题					
8	我认为在幼儿自主操作和探索之后，应让幼儿拿着自己的成果物进行分享					
9	我认为在幼儿分享和展示的过程中，其他幼儿可以通过观察同伴的作品和学习同伴的经验促进自身发展					
10	我认为教师可以引导幼儿重新组合原有的经验和材料，也可以发现新的适合本次幼儿园教育活动的经验和材料					

第一节 幼儿园教育活动组织实施的理论知识

【我来写一写】

1. 你认为幼儿园教育活动应包含哪五步？它们的顺序是什么样的？请在下划线上填写你认为正确的内容，并按顺序连一连。

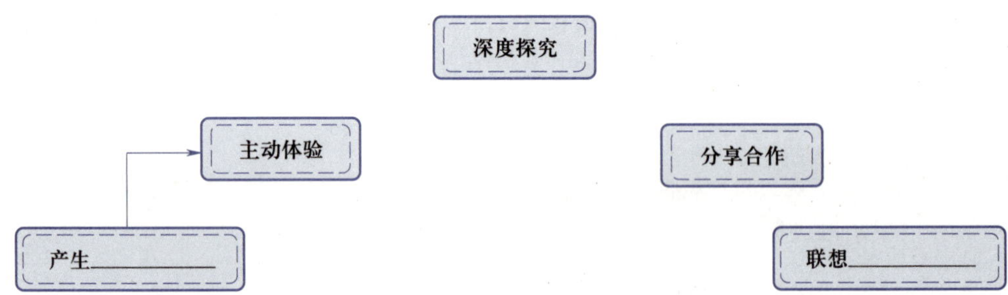

2. 请为下列幼儿园教育活动中的教师支持策略找到属于它们的“家”（所属环节）。

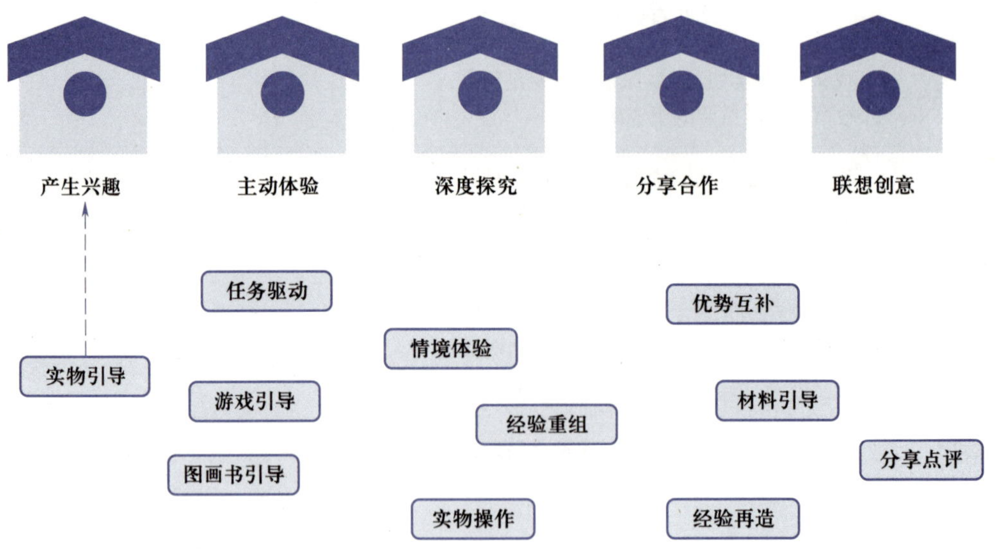

一、幼儿园教育活动组织实施概述

课程的组织实施是在现有的课程方案设计基础上，调和影响课程实施诸要素，平衡课程理想与实施情景的系列关系，创造教学新文化的过程。在对幼儿园教育活动方案进行探讨和学习的基础上，我们须进一步了解如何将方案付诸实践，或者说，如何平衡、调节和优化影响课程实施的诸多要素，实现课程理想通过实施情景的完美达成，实施情景助力课程理想丰富发展之图景。对此，我们认为在影响课程组织实施的课程实施背景、课程实施主体、课程实施对象、课程实施管理、课程实施资源和课程实施理论等六大要素中，最为关键且最为重要的是“人”的要素。教育的本质关乎创新、关乎人的发展；立德树人的最终实现也离不开人的努力。并且，从幼儿身心发展的特色和规律来看，幼儿园课程的组织与实施相比于其他学段更为倚重教师的有效教学。

开展幼儿园综合主题活动建立良好师幼互动关系

基于上述考量，我们将目标聚焦于提升教师的课程组织实施水平，通过提出有针对性的幼儿园课程组织实施各环节的教师支持策略来为广大幼儿教师提供参考和借鉴。具体来说，产生兴趣环节的教师支持策略有实物引导、图画书引导、游戏引发等；主动体验环节的教师支持策略有情境体验、实物操作等；深度探究环节的教师支持策略有材料引导、任务驱动等；分享合作环节的教师支持策略有分享点评、优势互补等；联想创意环节的教师支持策略有经验重组、经验再造等，通过举案说法，提供小、中、大班各年龄阶段的适宜案例，具体分析教师在实际教育教学组织实施中如何应用支持策略，为广大幼儿园教师提供切实可行的参考和学习资源。

二、产生兴趣环节的教师支持策略

随学随练

请查阅文献寻找教师引发幼儿兴趣的方法，并思考哪些是一般性的支持策略，哪些是具体的支持策略。

“兴趣是最好的老师”，幼儿学习的兴趣是如何产生的？心理学家通过对兴趣的研究发现了三种基本的假设。第一种是兴趣的需要假设，它认为兴趣是在需要的基础上发展起来的。皮亚杰的认知不平衡理论充分论证了这一点，认为兴趣反映的是对象与需要的关系，需要能够满足人的需要，人因而产生了兴趣。① 第二种是兴趣的认知假设，它认为兴趣产生于人的智力活动或思维过程，而与需要和情绪等没有直接的联系。该假设建立在现代建构主义的认知心理学基础上，认为人们积极主动地建构着自己的学习过程，这种动力性的内部控制是兴趣发生的原因。第三种是兴趣的信息假设，它认为信息的获得在兴趣发生中发挥着关键作用，但不否认兴趣与

① 转引自章凯. 兴趣发生机制研究的进展与创新 [J]. 心理科学，2003（2）：364-365.

需要、情绪的联系。《心理学大辞典》对兴趣的界定是："力求认识、探究某种事物的心理倾向，由获得这方面的知识在情绪体验上得到满足而产生，它与需要相联系。"[①] 尽管上述三种假设基于不同的理论视角，但他们都各自贡献了当前学界对于兴趣产生的理解，能够指导产生兴趣环节的活动设计与组织实施。

产生兴趣环节是幼儿园教育活动的第一个环节。幼儿的兴趣源于好奇，幼儿先天具有探索环境中未知事物的好奇心，但这种好奇心需要教师通过适宜的方式来唤醒。著名物理学家爱因斯坦认为好奇心是人类最宝贵的品质。在现代脑科学研究中，幼儿的好奇心已经成为一个极为重要的研究领域。研究者认为幼儿的好奇心既是一种特质，也是一种情绪或动机状态，对学习和记忆有很大的影响，并且在幼儿早期最为明显，在幼儿的学习、预测学业成就以及成就动机方面起着核心作用。[②] 在教育实践中，教师要想让幼儿产生兴趣，需要帮助幼儿调动已有经验，集中注意力并产生进一步探索的欲望。产生兴趣环节就是幼儿园教师有设计、有准备、有意图设置的"芝麻开门"环节，是幼儿由开始注意、产生冲突、瞬间感知等走向与经验联系、与材料联系、与下一环节联系并开始主动体验的关键学习过程，是教师唤醒幼儿个体内部的好奇心并激发其形成进一步稳定的学习兴趣的重要发展过程。产生兴趣环节主要有三个教育目标：一是引导幼儿进入紧张有序的学习活动；二是促进幼儿形成集体秩序感；三是加强幼儿进入真实情境的感知体验。接下来我们主要介绍三种教师支持策略：实物引导、图画书引导、游戏引发。

（一）实物引导

捷克教育家夸美纽斯在《大教学论》中首次明确提出和分析了直观教学的原则，并且认为一切知识都是从感官开始的。当今的诸多教育学著作大多对此有所论述，并认为直观性的原则符合教学过程规律，有助于提高幼儿的兴趣和积极性，减少幼儿学习抽象知识的困难。有研究者总结了直观教学的运用要求：正确选择直观教具和现代教学手段；直观要与讲解相结合；重视运用语言。同时还强调了教师要给学生展示实物的直观形象，提供感性而具体的经验和充分利用学生的已有经验的原则要求。实物引导法是符合直观教学原则的设计方法，在低龄学习者的课程设计中尤其适用。[③]

幼儿先天具有探索环境的兴趣，只要给他们适当的刺激，让其处于适当的、有探索空间和可能的环境中，他们自然会产生探索的兴趣。教师所要做的是创设适宜

---

① 转引自章凯．兴趣发生机制研究的进展与创新 [J]. 心理科学，2003（2）：364–365.
② 黄骐，陈春萍，罗跃嘉，等．好奇心的机制及作用 [J]. 心理科学进展，2021，29（4）：723–736.
③ 张英彦．建构主义学习理论与直观性教学原则 [J]. 教育探索，2005（2）：21–22.

的、符合幼儿先前经验的、尽可能接近真实的环境，通过细致、科学的观察发现幼儿的兴趣点，抓住兴趣点并自然引导幼儿进一步开展探索活动。在产生兴趣环节，教师可以使用实物引导法，通过巧妙的环节设计引起幼儿的兴趣。

实物引导法是指教师用符合幼儿具体形象思维特点的物品来引入主题活动，便于幼儿追随物品更好地投入活动。物品可以是与活动主题相关的某个主要物品，也可以是活动中可能生成的某个成果物，直接引发幼儿的兴趣。例如，假设幼儿园教育活动的主题是风筝，教师可以在区域材料中事先投放风筝的成品、半成品、组装材料和组装示意图，然后观察幼儿在探索材料过程中在哪些地方停留的时间最长，提问最多，与小伙伴讨论最多，哪种玩法是幼儿最喜欢的，等等。

在幼儿自主探索操作的过程中，教师通过细致的观察可以自然地发现幼儿的兴趣点，结合观察进一步引导幼儿进行后续的活动。

（二）图画书引导

听故事几乎是所有幼儿都喜欢的一件事情，在听故事的过程中，幼儿的情绪随着图画书中跌宕起伏的故事情节而变化。图画书故事的起承转合无不吸引着幼儿的注意。在传统的主题活动中，教师绞尽脑汁创设的情景并不一定能够吸引幼儿的兴趣，实际上，教师可以借助图画书的情节来激发幼儿的兴趣。例如在幼儿园教育活动“我喜欢你的样子”中，一个神秘的人物在画外一直说着“我喜欢你的……”，但是这个神秘的人物是谁呢？这会引发幼儿进一步探索的兴趣，然后教师逐一呈现人物的面部特征来让幼儿了解这个人物。通过图画书，教师可以自然吸引幼儿的阅读兴趣，激活幼儿园教育活动。

在设计幼儿园教育活动时，教师可以考虑选择与本次活动直接相关的已出版图画书来导入，也可以根据活动的主题原创图画书进行导入。

（三）游戏引发

游戏引发法是指教师有目的的与幼儿一起进行与活动环节相关的，为活动环节做铺垫的小游戏，吸引幼儿的兴趣之后教师再开展与游戏主题相关的幼儿园教育活动。

游戏引发法中的游戏可以是幼儿坐着完成的小游戏，比如简单的手指操；也可以是幼儿站起来甚至动起来的游戏。游戏时间不宜过长，最好是能与主题很好地契合、与后续活动自然衔接的游戏。站起来或动起来的游戏应该注意在幼儿进行充分体验后安静收尾。比如，跟着音乐模仿小马跑，模拟小马越过山坡、跨过河，最后小马要睡觉了，安静下来了，然后再进行与小马有关的后续活动。教师在设计游戏时，可以借鉴一些成熟的肢体游戏，其间加入一些适宜本班幼儿的互动元素，增强游戏的趣味性。比如进行与面点有关的活动时，教师可以使用“包子和饺子”的手指歌谣，最后一句是“请你尝一尝”；考虑到幼儿对吃的兴趣，可以问问他们：“好吃吗？”“是什么味道的呢？”教师也可以与他们一起模仿吃的动作和表情，甚至发出“好香啊”的赞叹声。

三、主动体验环节的教师支持策略

随学随练

请查阅文献寻找促进幼儿主动体验的方法，并思考哪些是一般性的支持策略，哪些是具体的支持策略。

主动体验环节是幼儿园教育活动的第二个环节，上承产生兴趣环节，下接深度探究环节，主要指幼儿自发自愿地运用多重感官，通过直接感知、实际操作的方式与有准备的材料互动的过程。幼儿在不借助外力的情况下，通过亲身经历（实践）来感受、了解、认识事物。

在这一环节中，教师支持策略的目标主要有让幼儿表现出更强烈的积极主动性，激发幼儿更深层次的学习兴趣；让幼儿表现出重点体验的行为，指向活动的核心问题和核心经验；让幼儿表现出调动多种感官进行体验的行为，增强体验与丰富感官收获；充分调动幼儿多种感官以获得丰富的图式结构，以形成认知冲突并促进认知图式进一步发展。

接下来我们主要介绍主动体验环节中的两种教师支持策略：情境体验和实物操作。

（一）情境体验

情境体验法侧重通过创设真实或接近真实的环境以多种方式调动幼儿的多种感官，例如视觉、听觉、触觉等，进而唤起幼儿的已有经验，让幼儿在亲身体验、主动观察和操作中发现新事物与已有经验的异同，以自身已有经验和新经验的融合来重新认识问题。有研究者总结了情境教学的心理特征，认为情境教学具有好奇心的诱发性、情感的感染性、感知的直观性、思维的启发性和活动的参与性等特征，恰当地运用情境体验法可以充分提高学生的学习成效。[①] 例如，教师可以通过让幼儿听声音、看图片等多种方式，将幼儿置身于更有利于其真实表达与表现的环境中，

① 车丽 . 情境教学的心理特征浅析 [J]. 普教研究，1995（4）：41.

营造一种身临其境的真实感，更大程度地调动幼儿的积极性和参与度。教师还可以从幼儿生活情境中选择一个真实案例与幼儿讨论，让幼儿通过观察、交流理解发生在身边的情境。在真实案例讨论中，教师和幼儿直接进入指向问题解决的实际场景和案例。教师要充分把握幼儿的已有经验，不断唤醒幼儿自身的知识储备、生活能力等，这样同时也会极大地提高幼儿的参与度，使教学事半功倍。

（二）实物操作

思维是隐性的。有教育工作者提出了在探究式学习的过程中，通过师生对话、交流讨论、实验探究等方式将思维显性化的方式。① 幼儿操作材料是将思维显性化至关重要的学习方式。

在主动体验环节，教师已经引发了幼儿对活动的兴趣，这时可以直接给幼儿展示材料，让幼儿看一看、听一听、摸一摸操作材料，进一步唤起幼儿探索材料的兴趣。在幼儿操作的过程中，教师也要有意识地进行引导。这种引导既可以是“藏在里面”的，教师在设计材料时就已经将教学的目标与操作的方法藏在其中了，幼儿可以通过半成品材料自主发现和体验操作的方法和过程；又可以是“显性”的，教师可以通过启发式问答的方式帮助幼儿梳理思路，之后围绕幼儿感兴趣的物品或者现象，组织幼儿开展丰富的想象和假设，鼓励幼儿参与示范操作，创造性地展示自己的想法和做法。

四、深度探究环节的教师支持策略

随学随练

请查阅文献寻找促进幼儿深度探究的方法，并思考哪些是一般性的支持策略，哪些是具体的支持策略。

深度探究环节是幼儿园教育活动的第三个环节，也是核心环节，发挥承上启下的重要作用，即上承主动体验环节，下启分享合作环节。此环节的成功与否，直接影响幼儿体验的深度和分享的广度，进而影响整个教育活动的质量。幼儿园中的“深度探究”发端于教育科学研究中的“深度学习”概念。深度学习最早发源于计算机算法领域，被引入教育领域后成为一种有别于“教学即传递”传统观念的新兴教学观念。深度学习强调学生的学习并非一般的学习者自学，需要教师的引导和帮

① 余逆梦．思维显性化，将探究式学习落到实处 [J]. 小学教学研究，2019，689（19）：54–56.

助，这种引导和帮助指向的是有挑战性的人类已有认识成果。学生在深度学习中感知觉、思维、情感、意志和价值观全面参与，全身心投入，而其目的指向具体的、社会的人的全面发展，有助于学生形成核心素养。①

在幼儿园教育活动的深度探究环节中，幼儿通过主动体验和自主操作与环境、材料相互作用，主动寻求方法以解决问题，并获得迈向概念化的知识经验，感受和体验探究过程与方法的过程。这一环节教师支持策略的核心目标有：第一，支持幼儿自主建构对本次活动的核心操作，获得关键经验；第二，帮助幼儿充分运用前期感知经验，以解决活动中最关键、最核心的问题；第三，刺激幼儿将建构的经验融入图式或改变图式以适应新的经验。

幼儿天生有学习的意愿和潜能，也有追求成就需要的普遍心理，因此，在深度探究的过程中教师如何基于幼儿的发展需求适宜地提供支持显得尤为重要和关键。接下来我们主要介绍深度探究环节中的两种教师支持策略：材料引导和任务驱动。

（一）材料引导

幼儿园教育活动经过启动、观察体验之后，教师已经将经验准备铺垫得很充分了，幼儿就像是拉满了弦的弓，迫不及待地想要进行探索。此时的幼儿，无论从情绪情感还是认知理解层面，都已经处于饱满状态。在解决问题的过程中，幼儿要经历一定的步骤，一个台阶、一个台阶地逐步完成任务，最终实现学习目标，获得关键经验。在引导幼儿一个台阶、一个台阶地完成任务的过程中，教师提供的支架可以是“隐形”的，即藏在材料之中，通过材料引导幼儿去完成任务。例如，在幼儿园教育活动“风筝”中，教师提供的半成品材料上面有指示箭头，示意幼儿按顺序操作；有剪刀和胶棒等符号，示意幼儿应该用到哪些工具，如何操作这些工具。在这个过程中，教师不需要说话，但是幼儿逐步解决了问题，完成了任务，养成了认真、专注的学习品质，学会了风筝的制作方法，获得了看流程图的能力等关键经验。

（二）任务驱动

任务驱动法的本意是在教学过程中，以富有趣味性、能够激发学生学习动力的情境为基础，通过与教学内容紧密结合的任务让学生在完成特定任务的过程中获得知识与技能的教学方法。②在幼儿园教育中，任务驱动法就是将幼儿园教育活动的总体目标分解成一个个小目标，帮助幼儿完成一个个小任务，最终达成整体目标。

---

① 郭华 . 深度学习及其意义 [J]. 课程. 教材. 教法，2016，36（11）：25-32.

② 郭绍青 . 任务驱动教学法的内涵 [J]. 中国电化教育，2006（7）：57-59.

在最近发展区理论中，幼儿在教师支持下能够达到的水平与能力才是其“最近发展区”，如果目标或任务太难，即使教师提供支持，幼儿也往往达不到很好的学习效果，并且这时候教师的支持可能会产生简单替代性作用，导致幼儿的深度探究不是自主的。因此，教师需要将任务目标分解，将一个大目标分解成一个个小目标，将一个大任务分解成一个个接续的、连贯的小任务。例如，在幼儿园教育活动“风筝”中，操作的最终目标是让幼儿自主制成自己的风筝，教师可以引导幼儿逐步完成拼搭骨架、粘贴蒙面、装饰外观三个步骤的操作任务，即把“如何制作风筝”这一大任务拆解为上述三个小任务，使得幼儿最终能够完成风筝的制作（获得成果物）。

五、分享合作环节的教师支持策略

随学随练

请查阅文献寻找引导幼儿分享与合作的方法，并思考哪些是一般性的支持策略，哪些是具体的支持策略。

分享合作是幼儿园教育活动的第四个环节，幼儿从深度探究中走出来，在此环节转向与其他幼儿互动分享。分享合作环节的理论基础是班杜拉的社会观察学习理论。与认知主义学派和建构主义学派对直接经验获得的强调不同的是，班杜拉在社会观察学习理论中尤其强调了通过观察他人的行为，获得示范行为的象征性表象，并做出与之相对应的行为的过程。在幼儿园教育活动中，分享合作既是幼儿观察学习的过程，又是幼儿与幼儿之间为完成活动而互勉、互动、互爱的过程。

分享合作环节的教育目标主要有：第一，促进幼儿认知水平的提高。在完成感知、探究之后，幼儿基于对事物的感知会表现出基于教育内容的最初的创造性。第二，激发和增强幼儿的学习动机。幼儿通过表现和展示巩固自己的学习过程，获得自我成就感，增强自信心。第三，帮助幼儿实现社会性的发展。分享与交流的过程也是同伴之间互动的过程，幼儿可以观察同伴的活动，激发新的探索欲望；教师的鼓励和肯定会增强幼儿的社会性互动，并促进学习与发展共同体的产生。

基于以上目标，接下来我们主要介绍分享合作环节中的两种教师支持策略：分享点评和优势互补。

（一）分享点评

分享点评法是在深度探究之后，幼儿完成了自己的成果物，教师利用幼儿喜欢获得表扬和肯定的心理需求，引导幼儿在集体或小组中展示自己的成果物及学习过程。

教师要充分尊重幼儿原有的不同经验，提供可供选择的材料，鼓励幼儿自由分组与合作。只有兴趣与经验相同或相近的小组才能更好地相互支撑，小组内相互观摩和学习；同时，小组间完成的任务不同也能够促进不同小组的分享和交流。教师要组织引导幼儿按照一定的顺序进行成果物的展示与分享，在展示与分享的过程中，教师要充分肯定幼儿的表现和努力，同时要给予恰当的点评。幼儿在分享时可以按照做出了什么成果物、是怎样做成的、在做的过程中遇到了什么困难、是怎样解决的几个问题展开有逻辑地分享，教师要善于发现幼儿分享的闪光点，充分鼓励和表扬幼儿，也请其他幼儿注意倾听、观察和学习。

（二）优势互补

加德纳指出，人类的智力不是单一的，而是多元的，不是一种能力而是一组能力，并且这组能力中的各种能力不是以整合的形式存在，而是以相对独立的形式存在的。每个人都有各自的智力结构，也就有不同的优势和长处。在幼儿园教育活动中，优势互补法就是利用每个幼儿不同的长处，促进幼儿之间优势互补，共同学习与进步。

幼儿分组完成同一个主题之下同一项任务或不同的任务（两项任务互不重合，但关联密切，完成任务所需要的方式方法和经验相似），在这种需要发挥个体不同优势的分享与合作中，幼儿容易发挥个人长处，幼儿之间形成优势互补。教师引导幼儿在分组环节与自己有不同个性、不同长处的伙伴组成小组，在学习过程中相互帮助与促进。多元智能理论告诉我们，每个人的智能都有其独特的表现方式，每一种智能又有多种表现形式；不同个体的优势智能不同，同一个体在不同成长阶段的智能表现也会有差异。因此，教师在教育活动过程中要能看到幼儿之间的智能差异，尊重每个幼儿个体差异与个性化发展，有针对性地提供支持，引导幼儿在学习过程中优势互补，共同进步。

例如，在幼儿园教育活动“水墨江南”中，幼儿自愿分组选择材料，有的在扇面上画金鱼，有的在纸伞上画荷花，不同的小组同时平行完成不同的任务，之后进行分享交流。这时幼儿的分享就会更加个性化，更加能发挥幼儿的长处，幼儿在观察小伙伴的作品时也更加能够取长补短。

六、联想创意环节的教师支持策略

随学随练

请查阅文献寻找引导幼儿联想创意的方法，并思考哪些是一般性的支持策略，哪些是具体的支持策略。

联想创意环节是幼儿园教育活动的最后一个环节，同时它又可能是下一次幼儿园教育活动的“预告”。在教育研究中，行动研究方法备受关注。“计划—行动—观察—反思—计划”的经典模式被广泛使用。事实上，每一次幼儿园教育活动的过程不仅是幼儿学习与发展的历程，也是教师进行教育教学研究的历程。该过程同样遵从行动研究螺旋式上升的路径，一次活动的结束环节，同时也是计划下一次活动的开始环节。

联想创意是指幼儿在教师的支持下，基于前面的分享与合作对自己制作成果物的相关经验进行归纳、梳理，并结合他人制作成果物的相关经验进行联系、重组。在这一环节，幼儿新的想法、新的创意会为下一次幼儿园教育活动的产生兴趣环节奠定基础。

联想创意环节的教育目标主要有：第一，使幼儿经过一段相对紧张的学习状态之后，逐步恢复到相对轻松、舒适的低唤醒状态；第二，满足幼儿安全的、尊重的、归属的、自我实现的等不同层面的内心需要，让幼儿发现学习的收获和成就；第三，帮助幼儿形成积极的自我概念，逐步形成自己的风格和学习品质，并帮助幼儿产生移情性理解，扩展学习经验。

围绕以上目标，我们主要介绍联想创意环节中的两种教师支持策略：经验重组和经验再造。

（一）经验重组

经验重组是在班级环境的支持下给每个幼儿创设一个展示自己、表达自己的机会，强调学习中的经验总结，尊重幼儿的反思与回顾，帮助幼儿在分享、反思、回顾的过程中发现材料的其他拼接方式、经验的重新组合方式。幼儿在活动中获得的经验可能是零散的、不连续的，教师在活动结束环节帮助幼儿总结回顾活动中获取的经验，提炼活动中获取的关键经验，有助于幼儿获得经验的连续性，帮助其建构新旧经验间的联系。经验重组意在不改变原有的经验和材料的基础上，通过对材料和经验的重新组合发现新的创意。例如，在幼儿园教育活动“水墨江南”中，折扇和纸伞会在什么情境下相遇？又会引发什么新的故事？这种联系需要教师有创意的意识。在这个过程中，幼儿对材料有更深一步的认识，从前几个环节中获得的零散的、不连续的经验中，提炼出关键经验，建构关于成果物的新旧经验间的联系，从而实现进一步的重组和再造，以保证创意学习的达成。

（二）经验再造

在联想创意环节，幼儿离开操作场域之后，脱离了实物和材料，对做过的事情进行回顾和想象，在脑海中形成表征。对于幼儿说来，学习各种符号的意义是最主要的认知学习任务之一。在联想创意环节中使用经验再造的方法，就是利用幼儿学习的这一特点，引导幼儿反思如何进一步改进材料、改进材料操作的方法。教师在联想创意环节要鼓励幼儿说出自己遇到的困难，自己的解决方案，其他幼儿是否遇到了类似的问题，是怎样解决的，还有什么新的解决方法。这样对关键环节和关键步骤的归纳、总结提问可以帮助幼儿提出新的创意，让其他幼儿的经验重组成每个幼儿的新经验。例如，幼儿园教育活动“游乐场”中，原来用塑料板搭建的跑道还可以进一步进行绘画装饰，跑道可以用活动室里废旧的奶瓶拼接而成，等等。

【我来写一写】

1. 你认为幼儿园教育活动应包含哪五步？它们的顺序是什么样的？请在下划线上填写你认为正确的内容，并按顺序连一连。

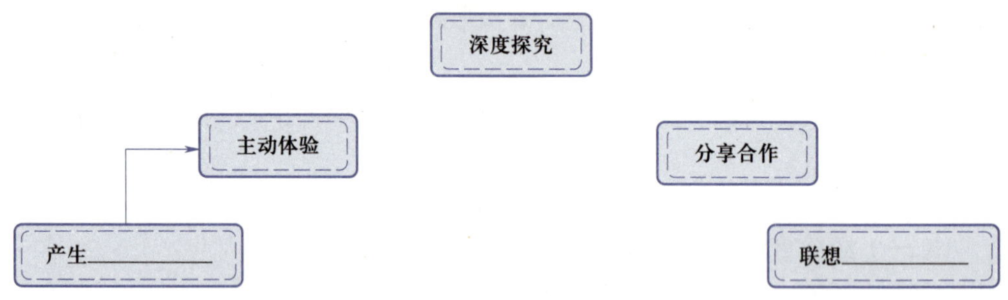

2. 请为下列幼儿园教育活动中的教师支持策略找到属于它们的“家”（所属环节）。

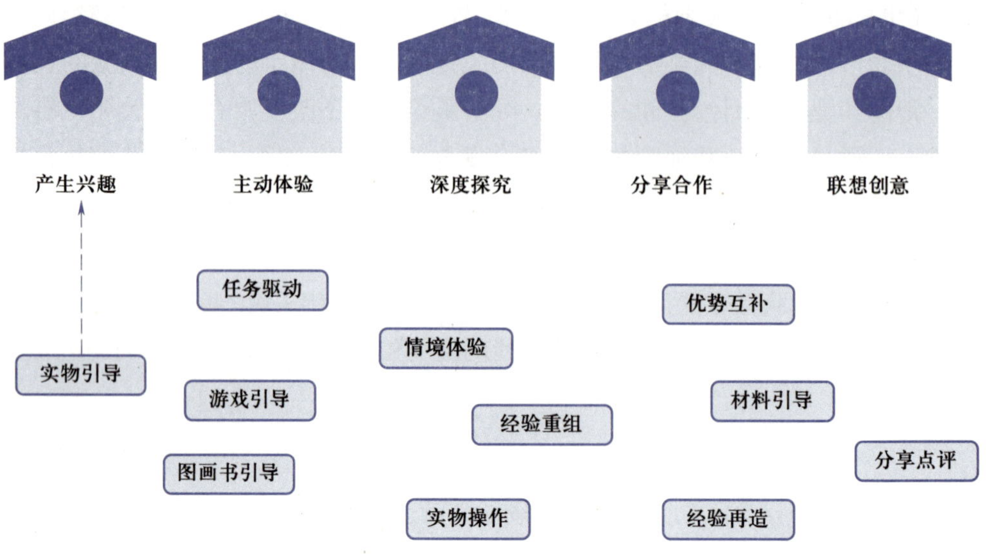

【我来练一练】

1. 根据所学的教师支持策略，继续完善 3 份幼儿园教育活动方案。

2. 在班级内组织实施完善后的幼儿园教育活动方案，并记录组织实施活动的过程。

【我来想一想】

1. 本节要点是否帮助你了解了幼儿园教育活动的各个环节中的一般支持策略和具体支持策略？

2. 你认为幼儿园教育活动各个环节中的教师支持策略还可以怎样调整和完善？

第二节 解决幼儿园教育活动组织实施的实际问题

【我来写一写】

幼儿园教育活动方案“我的小戏服”

请扫码阅读幼儿园教育活动方案“我的小戏服”，在表 2-2 中描述一下该教育活动各个环节的教师支持策略是什么。

表 2-2 活动分析表

活动环节	教师支持策略
产生兴趣	
主动体验	
深度探究	
分享合作	
联想创意	

一、幼儿园大班教育活动组织实施案例式解析

（一）实践 2.1.1：产生兴趣环节的组织实施

1. 品读案例

在活动“我的小戏服”的产生兴趣环节，教师以图画书的结尾导入情境，结合 PPT 动画，引导幼儿观察细节并大胆猜测与想象，激发幼儿对京剧戏服的兴趣。

首先，教师询问幼儿：“在图画书中，平平和安安跋山涉水，最后停在一座开满鲜花的小屋旁，猜猜他们发现了什么？”并同时播放课件相关页面，手指指向课件中心的图案，眼睛睁大，露出略带疑惑的神情。幼儿跟随教师的指向开始积极思考和回应教师，踊跃地描述他们的观察发现。

之后，教师继续说：“让我们看看究竟是什么？原来是京剧表演时穿的戏服，京剧戏服和我们平时穿的衣服有什么不一样？”此时，教师通过提问逐步深入引导幼儿发现京剧戏服并联系生活经验思考和说出其特点。幼儿在这个过程中，通过与图画书中场景的互动，在教师的互动提问下，以及对图画进行观察的情况下，联系已有经验，对活动的兴趣被充分调动起来。

2. 案例解析

在该活动的产生兴趣环节中，教师采用了图画书引导法，通过“眼睛睁大，露出略带疑惑的神情”来激发幼儿对图画书故事内容的兴趣及对教师问题的思考。首先，教师在图画书的结尾导入了情境，询问幼儿“平平和安安发现了什么”，在引导幼儿与图画书的互动中促进幼儿对图画书的观察，从而激发幼儿对活动中所要使用的材料和后续相关活动的兴趣。之后，教师通过从图画书中挖掘相关信息引导和提问，帮助幼儿发现和讨论图画书中的京剧戏服元素，既与图画书内容产生链接，又开启了后续的活动内容，引导幼儿由细节到整体进行观察，为之后活动中的细节观察埋下伏笔。最后，教师通过引导幼儿说一说京剧戏服跟我们平时穿的衣服的区别，促使幼儿联系自己的生活实际，进一步激发幼儿的活动兴趣。

3. 对标完善，填写任务单

翻看自己设计的产生兴趣环节，请你尝试进一步完善。

任务单 S2.1.1
对标案例完善产生兴趣环节的组织实施 1. 回顾关于产生兴趣环节的要点，你认为活动“我的小戏服”的产生兴趣环节应用了哪些教师支持策略？应用是否到位？落实了组织与实施要点吗？你是如何知道的？ 2. 你觉得活动“我的小戏服”对你的启发是什么？请写出三点，越具体越好。 3. 你将如何进一步调整、完善自己的幼儿园教育活动的产生兴趣环节？请写出三种可操作的方法，越具体越好。 4. 请按照上述反思，调改并再次组织实施幼儿园教育活动产生兴趣环节，在此记录下组织实施的过程。

（二）实践 2.1.2：主动体验环节的组织实施

1. 品读案例

在活动“我的小戏服”的主动体验环节，教师呈现包含各式戏服的 PPT，请幼儿观察戏服的整体样式，进而对自己材料包中的纹样模板进行观察，尝试发现纹样的不同形状与包含的装饰元素。

首先，教师询问幼儿：“小朋友们，京剧演员们表演时穿的衣服和我们平时身上穿的有什么不同呢？”（露出略带疑惑的神情，两臂张开，做出低头观察自己衣服的模样。）在教师的询问和动作引导下，幼儿开始尝试观察自己身上的衣服并积极踊跃地说出自己身上衣服的特点。同时，能力较强的幼儿开始观察同伴的衣服，并相互讨论。

之后，教师继续问道：“我们有些什么形状的纹样呢？在纹样上还藏了哪些小秘密呢？”此时，教师露出好奇的表情，手持纹样模板，做出凑近想要仔细看清的模样。在这个过程中，幼儿通过观察各种样式的戏服及自己手中的图案与花纹，产生更为浓厚的兴趣与主动探究的倾向，并尝试通过观察和比较解决教师提出的问题，初步了解京剧戏服不同款式的特点与纹样元素。

2. 案例解析

在该活动的主动体验环节，教师主要使用了情境体验法。在上一个环节，教师已经借助图画书故事内容及问题引发了幼儿对京剧戏服的关注和思考，在主动体验环节，教师通过呈现多样的视觉信息引导幼儿更加全身心地投入对京剧戏服的观察与体验。

经过产生兴趣环节，幼儿对京剧戏服已经有了很强的兴趣。这时候教师的支架语为：“小朋友们，京剧演员们表演时穿的衣服和我们平时身上穿的有什么不同呢？”面对明确且具体的问题，幼儿会有非常强烈的回应意愿和思考动力。教师顺应幼儿需求的同时运用情境体验法，顺承产生兴趣环节的情境，展现多种多样的小戏服请幼儿观察。

3. 对标完善，填写任务单

任务单 S2.1.2
对标案例完善主动体验环节的组织实施
1. 回顾关于主动体验环节的要点，你认为活动“我的小戏服”的主动体验环节应用了哪些支持策略？应用是否到位？落实了组织与实施要点吗？你是如何知道的？
2. 你觉得活动“我的小戏服”对你的启发是什么？请写出三点，越具体越好。
3. 你将如何进一步调整、完善自己的幼儿园教育活动方案的主动体验环节？请写出三种可操作的方法，越具体越好。
4. 请按照上述反思，调改并再次组织实施幼儿园教育活动主动体验环节，在此记录下组织实施的过程。

翻看自己设计的主动体验环节，请你尝试进一步完善。

（三）实践 2.1.3：深度探究环节的组织实施

1. 品读案例

在活动“我的小戏服”的深度探究环节，教师设计了纹样配对、制作戏服、自主创作的三个逐步深入的探究任务，帮助幼儿做出属于自己的小戏服，具体来说，三个任务的设计如下：

第一个任务：纹样配对。教师出示制作步骤图，请幼儿观察并总结制作戏服的几个步骤，并引导幼儿根据纹样模板及材料包上的提示正确选取所需纹样，按照纹样分布图上的图形提示进行纹样组合。教师询问幼儿：“要做出一件漂亮的戏服，我们首先要做什么呢？”同时，手指顺着步骤图的箭头划过，露出疑惑的表情。幼儿顺着教师手指的方向积极思考问题，看到步骤图的箭头，同时建构出思维结果：箭头之前是开始的步骤，箭头之后是后面的步骤。思考得出答案，选择箭头之前的不同纹样。

之后，教师继续说道：“这些好看的花纹，本来都有自己的‘小伙伴’，但现在它们全都被打乱了，小朋友们能不能看着你们手中的照片，来帮花纹找到自己的‘小伙伴’呢？”同时一只手拿着纹样模板，一只手拿着几片零散的纹样并露出期待的表情。幼儿此时积极踊跃地举手，希望能够帮助花纹找到自己的“小伙伴”，完成花纹配对的任务。

待幼儿完成纹样配对之后，教师继续引导幼儿：“把找到的花纹和他们的‘小伙伴’一起送回家吧！请细心观察，看看不同形状花纹的家在哪里呢？”，同时手指指向操作单上的图形引导，再指材料包上的图形提示。通过一系列探索，幼儿了解戏服制作的流程，产生了“做计划”的意识，在操作过程中对戏服纹样有了进一步认识，同时锻炼了细节观察能力以及对平面几何的认知能力。

第二个任务：制作戏服。教师请幼儿按照自己的喜好选取布料与纹样进行戏服的制作。“你准备为小演员做一件什么颜色的戏服呢？选好颜色后，我们就可以用刚才带回家的花纹来装饰我们的戏服了，快动手做起来吧！”教师一手拿着几张不织布，一手拿着几片纹样，并露出鼓励的神情。幼儿在教师的鼓励下开始尝试根据设计图选择布料以及花纹。这个过程就是计划实施的过程，教师可以在这个过程中再一次考察幼儿的细节观察能力与精细动作发展情况。

第三个任务：自主创作。教师引导幼儿运用制作好的戏服进行创意玩具制作，如将边缘缝合、中间塞上棉花就变成一个娃娃；如上边缘缝合、下边开口就变成一个手偶；如将两件不同戏服缝合起来正反两面不同就变成了变脸玩具；如下面缝合起来上面留口就变成了小包；等等。教师继续询问："我们还能用手中的戏服做出什么好玩的玩具呢？"此时幼儿可能会陷入沉默和思考，部分积极踊跃的幼儿开始尝试说出答案。教师继续说道："如果我把边边粘起来，中间塞上棉花，会变成什么呢？如果我把上边封起来，底下留着小嘴巴张开，会变成什么呢？如果我把两件不一样的戏服封起来，会变成什么呢？如果我把下面封起来，上面留着小嘴巴张开，再加上根小绳子，就变成什么了？"随着教师的逐步演示和提问，幼儿不断回答，兴趣越来越高涨，想要自己尝试一些新的玩法和创意。

2. 案例解析

在该活动的深度探究环节，教师主要使用了材料引导法和任务驱动法。在前述环节，教师已经借助具体的京剧戏服样式帮助幼儿获得了关于京剧戏服不同款式特点的认识及相关的纹样元素经验，所以在深度探究环节，教师将借助相材料及具体任务帮助幼儿实现对京剧戏服的深度探究，使幼儿获得更为系统的京剧戏服相关经验。

首先，教师应用了材料引导法，通过具体的"制作步骤图"支架物为幼儿的思考提供线索。随后，教师进一步为幼儿提供有关京剧戏服花纹的支架物，通过材料与幼儿的交互实现"隐形的指导"。

之后，教师运用了任务驱动法，对幼儿提出了更为明确的任务要求且保证幼儿能够听得懂和努力能够做得到：请幼儿动手做一做小戏服，先从选择颜色开始，到选择花纹，自主进行缝合操作等，一步步引导幼儿实现自主的深度探究、有意义探究。在整个深度探究环节，教师将与教学内容相关且适宜的支架态放在活动之中，更为有效地引导幼儿完成相关的探索活动。

3. 对标完善，填写任务单

任务单 S2.1.3
对标案例完善深度探究环节的组织实施 1. 回顾关于深度探究环节的要点，你认为活动"我的小戏服"的深度探究环节应用了哪些支持策略？应用是否到位？落实了组织与实施要点吗？你是如何知道的？

续表

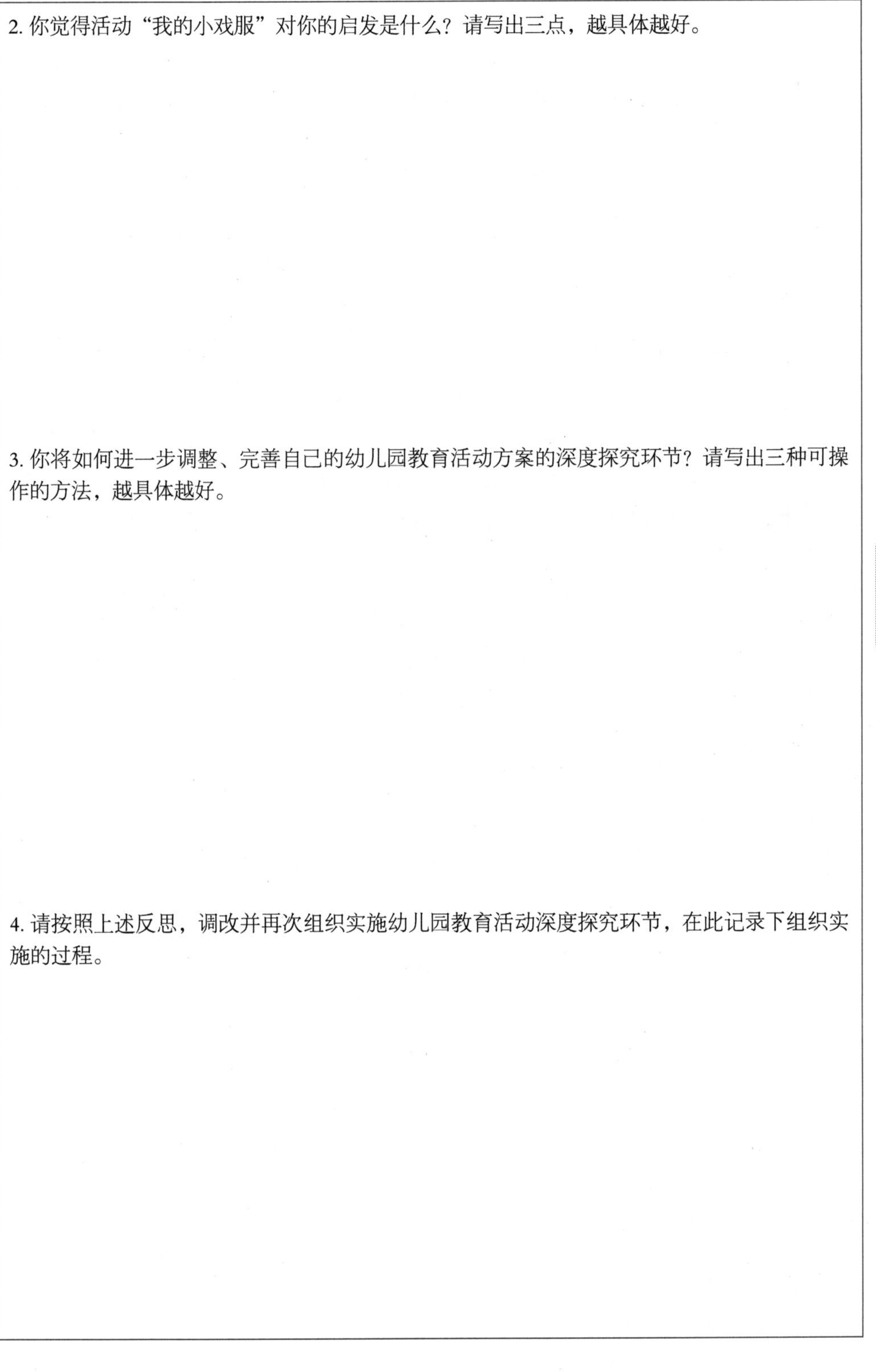

2. 你觉得活动“我的小戏服”对你的启发是什么？请写出三点，越具体越好。

3. 你将如何进一步调整、完善自己的幼儿园教育活动方案的深度探究环节？请写出三种可操作的方法，越具体越好。

4. 请按照上述反思，调改并再次组织实施幼儿园教育活动深度探究环节，在此记录下组织实施的过程。

翻看自己设计的深度探究环节，请你尝试进一步完善。

（四）实践 2.1.4：分享合作环节的组织实施

1. 品读案例

在活动“我的小戏服”的分享合作环节，教师请幼儿就自己的作品进行分享，就自己的设计图以及最终的自制玩具，说一说自己是如何设计以及制作出属于自己的戏服的，以及自己的戏服的特点（如颜色、纹样），并互相交流自制玩具的玩法。

首先教师设计了“赶大集”环节。“那现在我们要‘赶大集’了！小朋友，请把你做好的玩具放在桌子上，我们可以参观一下其他小朋友都做了哪些好看又好玩的戏服玩具。”教师引导幼儿相互观察和欣赏同伴的作品。

之后教师继续鼓励幼儿进行表达：“你最喜欢哪位朋友的作品？为什么？”同时手指划过各个自制玩具，露出鼓励的神情。此时教师邀请几个幼儿到台前说一说自己最喜欢谁的作品及原因，其他幼儿安静倾听，并思考自己是否也喜欢一样的作品，原因是否一样。

最后，教师继续鼓励幼儿：“请小朋友分享自己是怎么做出这么好看的戏服玩具的，你先做了什么？再做了什么？”通过分享，幼儿回顾自己从做计划到具体实施再到最后得出成果的整个过程，通过对自己制作戏服的介绍进一步巩固对戏服纹样的认识，使平面的戏服真正变成一件可操作可互动的成果物。

2. 案例解析

在该活动的分享合作环节，教师主要使用了分享点评法与优势互补法。在前述环节，教师已经帮助幼儿建立了丰富与系统的戏服经验，在分享合作环节，教师采取分享点评和优势互补的方法，使幼儿在展示与分享之中实现经验由平面向立体、由单一向多元的转变与发展。

首先，教师应用了分享点评法。教师重点使用支架语：“那现在我们要‘赶大集’了！小朋友，请把你做好的玩具放在桌子上，我们可以参观一下其他小朋友都做了哪些好看又好玩的戏服玩具。”“你最喜欢哪位朋友的作品？为什么？”“请小朋友分享自己是怎么做出这么好看的戏服玩具的，你先做了什么？再做了什么？”引导幼儿就自己的作品进行分享，就自己的设计图以及最终的自制玩具说说自己是如何设计以及制作出属于自己的戏服的，以及自己的戏服的特点（如颜色、纹样），并互相交流自制玩具的玩法。在使用支架语的同时，教师也配合使用相应的支架势与支架态，如“手指划过各个自制玩具”“露出鼓励的神情”，增加幼儿对活动的兴趣，保证活动流程与幼儿经验巩固的顺利与稳定。

在该环节，教师注重幼儿不同经验优势之间的互补，还应用了优势互补法。每个幼儿在制作过程中的经验不同，发现的问题不同，最后呈现的成果也不同。教师请幼儿就自己的作品进行分享与交流，其合作不仅限于幼儿之间，还有教师与幼儿之间，实现多方对象经验的互补。正如前文所言，幼儿可以观察同伴的活动，激发新的探索欲望；教师的鼓励和肯定会增强幼儿的社会性互动，并促进学习与发展共同体的产生。

3. 对标完善，填写任务单

任务单 S2.1.4
对标案例完善分享合作环节的组织实施 1. 回顾关于分享合作环节的要点，你认为活动“我的小戏服”的分享合作环节应用了哪些支持策略？应用是否到位？落实了组织与实施要点吗？你是如何知道的？ 2. 你觉得活动“我的小戏服”对你的启发是什么？请写出三点，越具体越好。 3. 你将如何进一步调整、完善自己的幼儿园教育活动方案的分享合作环节？请写出三种可操作的方法，越具体越好。 4. 请按照上述反思，调改并再次组织实施幼儿园教育活动分享合作环节，在此记录下组织实施的过程。

翻看自己设计的分享合作环节，请你尝试进一步完善。

（五）实践 2.1.5：联想创意环节的组织实施

1. 品读案例

在活动“我的小戏服”的联想创意环节，幼儿自行对自己制成的玩具进行进一步美化，或是借助自制的玩具与同伴进行游戏。教师询问幼儿：“你有什么好点子，能让你的玩具变得更漂亮、更好玩呢？”手中拿着一个玩具做思考的状态，幼儿积极活跃地表达自己对材料和玩具新玩法的看法，教师鼓励并肯定幼儿的表达和尝试。

2. 案例解析

联想创意环节既是整个活动的收尾环节，也是幼儿经验再建构的关键环节。在该环节中，教师使用了经验重组法，帮助幼儿在联想、想象与创造中再次扩展学习经验。

在活动中，教师使用经验重组法，通过不增加新的活动材料，鼓励不同组幼儿使用在前四个环节形成的成果物相互交流和重新组合，挖掘新的玩法和创意。具体来说，在该环节，教师引导幼儿继续完善自己的成果物，此时的完善并没有增加新的材料，但是增加了新的经验，是在分享合作环节幼儿看到和观察到的新的玩法。同时教师通过引导幼儿用自己的玩教具与其他同伴一起游戏，或是扮演不同的角色，或是重新联想创作一个故事，针对每个幼儿或每组幼儿不同的创意点选择有效的互动内容与互动方法，以保证每个幼儿都能够在该环节获得进一步的最优发展。

3. 对标完善，填写任务单

任务单 S2.1.5
对标案例完善联想创意环节的组织实施
1. 回顾关于联想创意环节的要点，你认为活动“我的小戏服”的联想创意环节应用了哪些支持策略？应用是否到位？落实了组织与实施要点吗？你是如何知道的？

续表

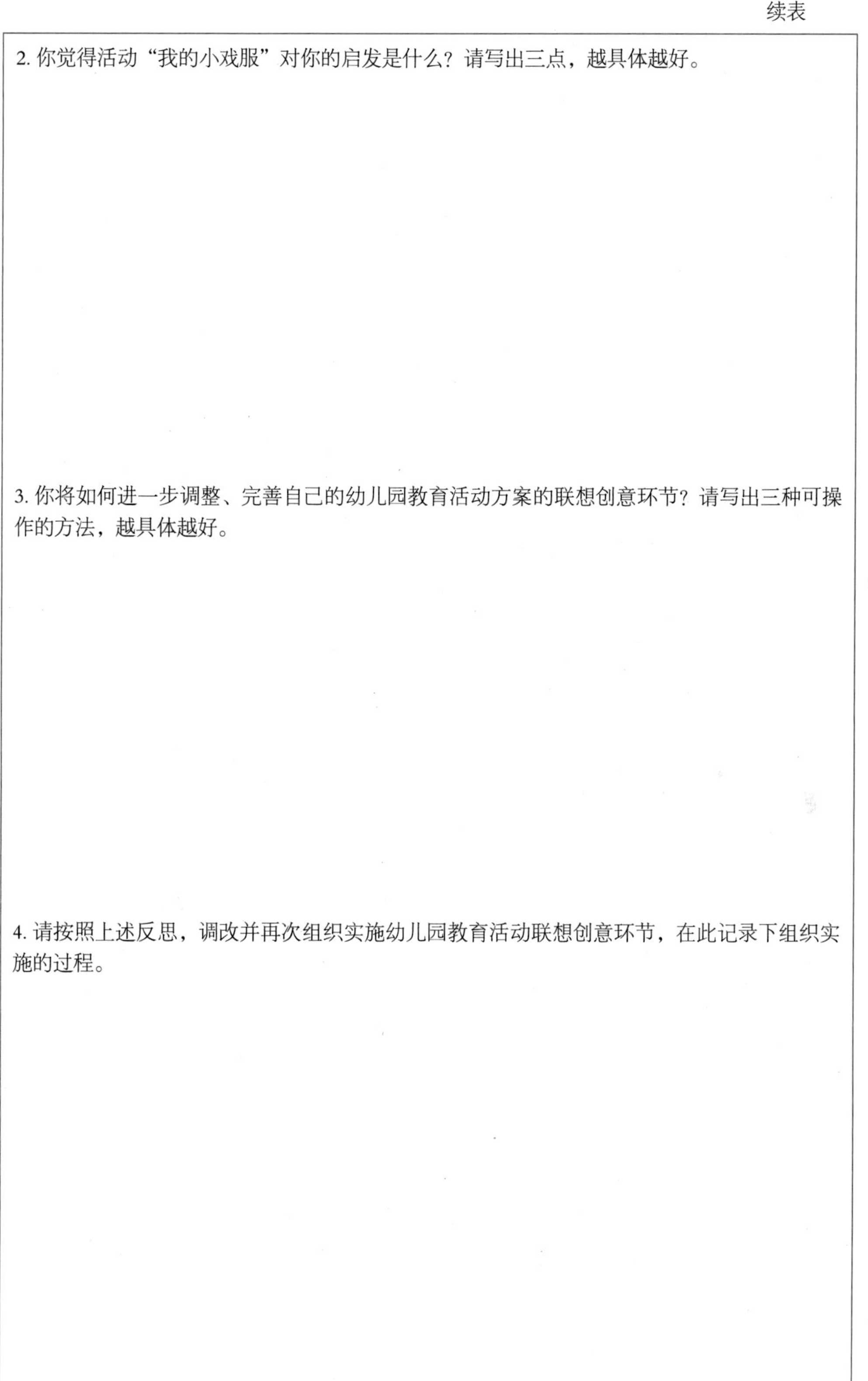

2. 你觉得活动“我的小戏服”对你的启发是什么？请写出三点，越具体越好。
3. 你将如何进一步调整、完善自己的幼儿园教育活动方案的联想创意环节？请写出三种可操作的方法，越具体越好。
4. 请按照上述反思，调改并再次组织实施幼儿园教育活动联想创意环节，在此记录下组织实施的过程。

翻看自己设计的联想创意环节，请你尝试进一步完善。

二、幼儿园中班教育活动组织实施案例式解析

（一）实践 2.2.1：产生兴趣环节的组织实施

1. 品读案例

在活动“木拱桥的秘密”的产生兴趣环节，教师展示木拱桥的图片和拱架模型，并拿出 15 根木棍，通过提问材料之间如何建立联系，激发幼儿对木拱桥的兴趣。

首先，教师拿出木拱桥的图片和木棍，询问幼儿：“小朋友们，你们看看这是什么？（展示图片）这是一座漂亮的木拱桥。那这些又是什么呢？（15 根木棍）今天木拱桥爷爷告诉我了一个秘密，美丽的拱桥是由这 15 根木棍做成的。”幼儿跟随教师的展示，对木拱桥产生兴趣，能够积极地回答问题，对木拱桥的制作表现出好奇。

之后，教师继续说道：“木拱桥爷爷送给我一个礼物，它说自己就是从这个小模型长呀长呀，长成了一座大桥的。桥是用来做什么的？你们觉得这座桥能够承受重量吗？”同时，教师手指着拱架模型，露出疑问的表情期待幼儿的回答。幼儿能够积极地回答问题，能够主动尝试感知木拱桥的承重特点，例如用手碰一碰，压一压。

最后，教师进行总结：“小朋友放上了水杯，还有小朋友放上了书，还有小朋友放上了积木，木拱桥爷爷小时候就很厉害了，非常坚固。你们想知道怎么做出一座真正的木拱桥吗？”在总结和肯定了幼儿的探索行为之后，教师继续引导幼儿简单操作，幼儿对自己搭建木拱桥产生了兴趣，产生了探索的欲望。

2. 案例解析

在该活动的产生兴趣环节，教师采用了实物引导法，通过展示木拱桥的图片和拱架模型，激发幼儿对图片延伸内容的兴趣及教师问题的思考。

具体来说，教师告知了幼儿木拱桥和散乱的木棍的关系，引发幼儿思考木棍是怎样变成木拱桥的。之后通过对图片内容的进一步延伸，教师与幼儿进一步互动产生疑问：这样的桥是用来做什么的？用木棍做成的桥能够承受重量吗？教师鼓励幼儿亲身体验，放上书、积木等物件，自行发现桥能够承受的重量。在这个过程中，教师与幼儿、幼儿与物品进行了充分的互动，并且幼儿将自己的猜想和假设进行了实际行动的验证，教师充分调动了幼儿进行下一步活动的兴趣。

3. 对标完善，填写任务单

任务单 S2.2.1
对标案例完善产生兴趣环节的组织实施 1. 回顾关于产生兴趣环节的要点，你认为活动“木拱桥的秘密”的产生兴趣环节应用了哪些支持策略？应用是否到位？落实了组织与实施要点吗？你是如何知道的？ 2. 你觉得活动“木拱桥的秘密”对你的启发是什么？请写出三点，越具体越好。 3. 你将如何进一步调整、完善自己的幼儿园教育活动方案的产生兴趣环节？请写出三种可操作的方法，越具体越好。 4. 请按照上述反思，调改并再次组织实施幼儿园教育活动产生兴趣环节，在此记录下组织实施的过程。

翻看自己设计的产生兴趣环节，请你尝试进一步完善。

（二）实践 2.2.2：主动体验环节的组织实施

1. 品读案例

在活动“木拱桥的秘密”的主动体验环节，教师展示拱架模型，并指导幼儿初步进行尝试。

首先，教师进行示范：“小朋友们，木拱桥爷爷告诉了我一个秘密，大家可要认真看哦！”动手示范一遍搭建木拱桥的过程，请幼儿专注地观察木拱桥拱架的搭建。之后，教师询问幼儿：“你们知道了木拱桥爷爷的秘密，他说可不可以帮他多建几座桥呢？”给幼儿提供木棍，期待地看着幼儿。幼儿此时已经对拱架的结构有初步的了解，能够在教师支架的帮助下或在与同伴合作中完成木拱桥的搭建。

2. 案例解析

在该活动的主动体验环节，教师采用了实物操作法，通过让幼儿亲自试一试木拱桥的搭建，帮助初步感知和了解操作材料的性质，进一步联系已有经验，延伸对活动的兴趣。

首先，教师展示了搭建木拱桥的过程，让幼儿有一个初步的印象。但是这时候的间接经验对于幼儿来说还是很难学习的，因为搭建木拱桥的过程需要手部小肌肉的控制力、多种材料的平衡关系等。教师请幼儿自己初步尝试一下搭建木拱桥，对此次活动的操作材料有进一步直观的感知。能力较强的幼儿可能能够初步搭建起桥的基础框架，这会激发其他幼儿的兴趣。之后，幼儿自然会产生更多的问题，例如桥应该搭建在哪里，还应该有哪些物品，怎样让桥更漂亮，等等，从而进一步激发和延展对活动的兴趣。

3. 对标完善，填写任务单

任务单 S2.2.2
对标完善主动体验环节的组织实施 1. 回顾关于主动体验环节的要点，你认为活动“木拱桥的秘密”的主动体验环节应用了哪些支持策略？应用是否到位？落实了组织与实施要点吗？你是如何知道的？

续表

2. 你觉得活动“木拱桥的秘密”对你的启发是什么？请写出三点，越具体越好。
3. 你将如何进一步调整、完善自己的幼儿园教育活动方案的主动体验环节？请写出三种可操作的方法，越具体越好。
4. 请按照上述反思，调改并再次组织实施幼儿园教育活动主动体验环节，在此记录下组织实施的过程。

翻看自己设计的主动体验环节，请你尝试进一步完善。

（三）实践 2.2.3：深度探究环节的组织实施

1. 品读案例

在活动“木拱桥的秘密”的深度探究环节，教师系统展示木拱桥制作流程，分别是选桥址、搭桥台，做拱架、铺桥面，搭桥屋（廊桥）/做护栏（普通拱桥），做了三个任务的设计。

第一个任务：选择架桥的位置。教师询问幼儿：“我们要怎么做呢？来问问木拱桥爷爷吧！”手指指向课件，看到木拱桥爷爷选桥址的场景。“所以先要选地址，然后搭建桥台，然后做拱架、铺桥面，最后搭桥屋。如果你想去河对面找你的好朋友，你会选择在哪里建桥呢？为了让我们的桥固定在河面上，需要一个支撑桥两端的东西，叫作桥台。没有它，桥就容易被水冲走，不牢固。那桥台要做成什么样呢？”幼儿跟随教师逐步的引导和提问，能够积极主动地观察和说出图片中呈现的三个主要步骤，选择架桥的位置，尝试制作出能够支撑桥梁的桥台。

第二个任务：拼装拱架。教师继续引导幼儿：“接下来，我们就要制作拱架了，老师给每位小朋友准备了一套拱架模型，请小朋友们用老师给的材料，拼装出拱架；也可以和一位小伙伴合作，如果你们一起拼装，就只用一套拱架模型。”幼儿跟随教师的指引，动手操作，能够独立拼装成功，或与同伴一起动手操作，发现问题时能够克服困难，专心致志地拼装拱架。

第三个任务：铺桥面并进行装饰。“为了让你和你的好朋友能走在桥上，接下来做什么呢？（铺桥面。）你们每个人都有一个可弯曲的木板/彩色卡纸/雪糕棒对吗，还有白胶，请把你的桥铺上桥面吧。”幼儿动手操作，能够积极主动地独立完成铺桥面的任务。“为了让你们过桥的时候更安全，该做什么呢？（做护栏或桥屋。）木拱桥爷爷说它爷爷的爷爷在北方，不需要桥屋，但是有漂亮坚固的护栏。后来他们搬到南方，因为经常下雨，所以建造了桥屋，（教师指向两种不同的装饰物品。）请为你的桥增加功能吧！”幼儿在了解护栏和桥屋的作用后，主动选择材料进行制作，在制作过程中能够友好地与他人交流，积极主动地完成这一环节。

2. 案例解析

在该活动的深度探究环节，教师采用了材料引导法和任务驱动法，通过用材料引导让幼儿沉浸式地投入探索过程，通过融入情景的一步步的任务引导驱动幼儿持续探索，保持探索的热情和兴趣。

首先，教师通过设问一步步地引出环环相扣的任务，从选择桥址到搭建桥台、拼装拱架、铺设桥面、安装防护栏，最后到建造桥屋，在每一个小任务的引导下，幼儿完整地体验了解决问题的过程，逐步培养分步骤解决问题和坚持不懈的学习品质。其次，在活动的过程中，教师提供的材料具备相当强的引导性，可供幼儿自主探索。例如桥面上不同的纸板，幼儿看到纸板和最终的成果物图片，自然就会想到应该将纸板放到拱架上，这样幼儿与材料的互动实际上是幼儿理解的过程，也是锻炼幼儿自主解决问题能力的过程。

3. 对标完善，填写任务单

任务单 S2.2.3
对标案例完善深度探究环节的组织实施 1. 回顾关于深度探究环节的要点，你认为活动“木拱桥的秘密”的深度探究环节应用了哪些支持策略？应用是否到位？落实了组织与实施要点吗？你是如何知道的？ 2. 你觉得活动“木拱桥的秘密”对你的启发是什么？请写出三点，越具体越好。 3. 你将如何进一步调整、完善自己的幼儿园教育活动方案的深度探究环节？请写出三种可操作的方法，越具体越好。 4. 请按照上述反思，调改并再次组织实施幼儿园教育活动深度探究环节，在此记录下组织实施的过程。

翻看自己设计的深度探究环节，请你尝试进一步完善。

（四）实践 2.2.4：分享合作环节的组织实施

1. 品读案例

在活动“木拱桥的秘密”的分享合作环节，教师请幼儿讲述自己的拱桥或梁桥是如何设计与制作的，引导幼儿在相互交流中多向思考，运用多种方式进行活动，可以将廊桥结合，或放置在沙盘中，为后续表演活动做准备。教师通过提问“哪位小朋友愿意分享你的桥呢？你的桥建在哪里，连接了谁？你们是怎么做拱架、桥面、桥屋和装饰的呢？”引导幼儿一步步回顾搭建木拱桥的过程，并通过提问“你们认为做的时候需要注意什么么呢？”引导幼儿积极回顾自己在搭建过程中的有益经验并向同伴分享。

2. 案例解析

在该活动的分享合作环节，教师采用了分享点评法，通过请幼儿分享自己设计和制作的桥梁，分享自己制作过程中的经验，实现幼儿之间的共享。

教师通过请幼儿分享自己设计和制作的桥梁，让幼儿有机会在全班面前展示自己的桥梁。这既是对幼儿制作成果的肯定，也是锻炼幼儿口语表达，将操作化的经验转化为抽象经验的过程。其他幼儿在倾听分享的过程中，会逐渐养成认真倾听的习惯，也将别人的经验与自己的经验对照，实现经验的互补。同时，幼儿之间相互进行点评、教师进行点评更是一个思维碰撞的过程，让幼儿将自身的经验、问题与其他幼儿的解答进行对比，实现经验交流。

3. 对标完善，填写任务单

任务单 S2.2.4
对标案例完善分享合作环节的组织实施 1. 回顾关于分享合作环节的要点，你认为活动“木拱桥的秘密”的分享合作环节应用了哪些支持策略？应用是否到位？落实了组织与实施要点吗？你是如何知道的？

续表

2. 你觉得活动“木拱桥的秘密”对你的启发是什么？请写出三点，越具体越好。
3. 你将如何进一步调整、完善自己的幼儿园教育活动方案的分享合作环节？请写出三种可操作的方法，越具体越好。
4. 请按照上述反思，调改并再次组织实施幼儿园教育活动分享合作环节，在此记录下组织实施的过程。

翻看自己设计的分享合作环节，请你尝试进一步完善。

（五）实践2.2.5：联想创意环节的组织实施

1. 品读案例

在活动“木拱桥的秘密”的联想创意环节，在幼儿完成桥的装饰的基础上，教师引领幼儿回顾活动内容，激发幼儿发掘木拱桥的其他应用。具体如下：

教师首先回顾本次活动的内容：“今天我们认识了中国的木拱桥，制作方法先要选桥址、做桥台、做拱架、铺桥面、搭桥屋，木拱廊桥和景观桥不仅外观优美，还具有实用性、坚固的优点。”之后引导幼儿继续探索桥的不同种类和功能：“木拱桥很好玩，小朋友还见过我国其他著名的桥梁吗？回家和爸爸、妈妈一起找找图片，回来和小朋友们一起分享。”幼儿积极回应教师的问题，并记录问题，准备回到家中与家长一起探讨。

2. 案例解析

在该活动的联想创意环节，教师采用了经验材料重组法，通过与幼儿一起回顾活动的内容，激发幼儿对我国著名桥梁的讨论，重新组合活动内容，对活动经验进行延伸，同时为下一次活动内容做好铺垫。

3. 对标完善，填写任务单

任务单 S2.2.5
对标案例完善联想创意环节的组织实施
1. 回顾关于联想创意环节的要点，你认为活动“木拱桥的秘密”的联想创意环节应用了哪些支持策略？应用是否到位？落实了组织与实施要点吗？你是如何知道的？

续表

2. 你觉得“木拱桥的秘密”对你的启发是什么？请写出三点，越具体越好。
3. 你将如何进一步调整、完善自己的幼儿园教育活动方案的联想创意环节？请写出三种可操作的方法，越具体越好。
4. 请按照上述反思，调改并再次组织实施幼儿园教育活动联想创意环节，在此记录下组织实施的过程。

翻看自己设计的联想创意环节，请你尝试进一步完善。

三、幼儿园小班教育活动组织实施案例式解析

（一）实践 2.3.1：产生兴趣环节的组织实施

1. 品读案例

在活动“我喜欢你的样子”的产生兴趣环节，教师通过与幼儿一起回顾图画书的内容，激发幼儿对龙龙的样子的兴趣，为之后的活动进行铺垫。

首先，教师提问：“小朋友们，你们看这是谁的什么呀？”“兔跳跳，我喜欢你软软的耳朵。”同时手指指向图画书第五页中兔跳跳的耳朵，语气诚恳、眼神真挚地表示肯定和欣赏。幼儿聚精会神地倾听，用手轻轻地捏自己的耳朵。

之后，教师继续带领幼儿回顾图画书的内容，并询问：“小朋友们，龙龙的表情是什么样子的？他为什么会有这样的表情呢？”同时指向图画书中的龙龙，疑惑地看向幼儿。幼儿踊跃地说出自己的猜想，说出自己看到的龙龙表情并结合自身的经验说出原因。

2. 案例解析

在该活动的产生兴趣环节，教师在采用了图画书引导法。通过“眼神真挚”“疑惑地看向幼儿”等激发幼儿对图画书故事内容的兴趣及对教师问题的思考。

首先，教师在图画书的结尾导入了情境，如：“龙龙的表情是什么样子的？他为什么会有这样的表情呢？”在引导幼儿与图画书的互动中促进幼儿对图画书的观察，从而激发幼儿对活动中所要使用的材料和后续相关活动的兴趣。之后，教师通过在图画书中挖掘相关信息引导和提问，使幼儿发现和讨论图画书中的龙龙的五官和表情，既与图画书内容产生链接，又开启了后续的活动内容，引导幼儿由细节到整体进行观察，以及为之后活动中的细节观察埋下伏笔。

3. 对标完善，填写任务单

任务单 S2.3.1
对标案例完善产生兴趣环节的组织实施
1. 回顾关于产生兴趣环节的要点，你认为活动“我喜欢你的样子”的产生兴趣环节应用了哪些支持策略？应用是否到位？落实了组织与实施要点吗？你是如何知道的？

续表

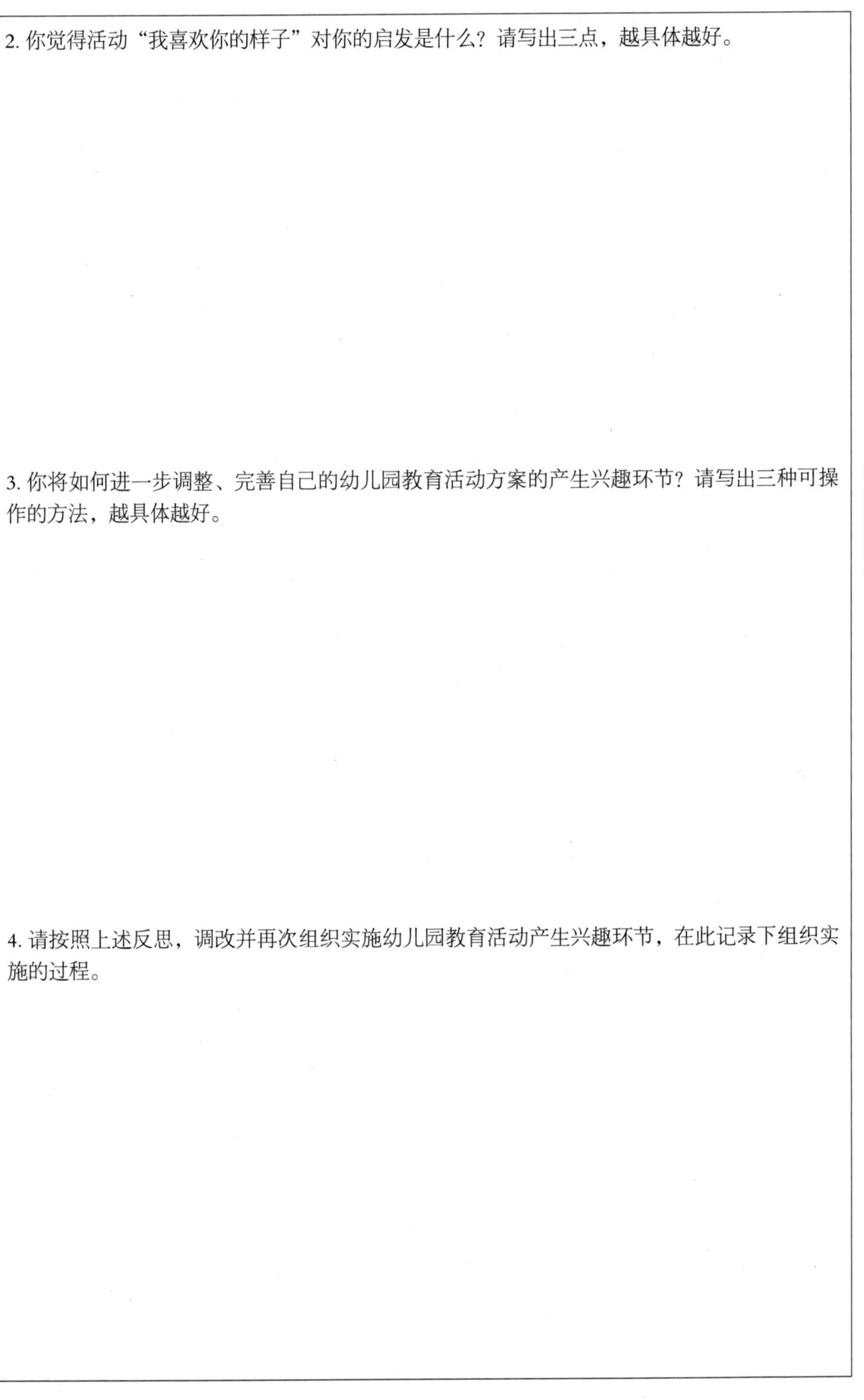

2. 你觉得活动“我喜欢你的样子”对你的启发是什么？请写出三点，越具体越好。
3. 你将如何进一步调整、完善自己的幼儿园教育活动方案的产生兴趣环节？请写出三种可操作的方法，越具体越好。
4. 请按照上述反思，调改并再次组织实施幼儿园教育活动产生兴趣环节，在此记录下组织实施的过程。

翻看自己设计的产生兴趣环节，请你尝试进一步完善。

（二）实践 2.3.2：主动体验环节的组织实施

1. 品读案例

在活动“我喜欢你的样子”的主动体验环节，教师出示龙龙面具，引导小朋友们分组找出不同的龙龙的面具五官，进一步激发幼儿的活动兴趣，并为后续活动做铺垫，具体如下：

首先，教师询问幼儿：“小朋友们，你们想自己做出来龙龙吗？”并做出希望得到回应的表情。幼儿积极回应，希望做出自己的龙龙面具。“看看老师这里是什么？这里有四种不同的贴纸，上面都有龙龙的五官，你们可以帮助老师找一找吗？它们分别是什么表情？”幼儿跟随教师的指引，开始探索教师提供的材料，观察和发现不同的龙龙面具五官的区别，并进一步认识五官的特征和不同的五官组合与不同情绪的关系。

2. 案例解析

在该活动的主动体验环节，教师采用了实物操作法，通过让幼儿亲自找一找不同的龙龙五官表情，初步感知和了解操作材料的性质，进一步联系已有经验，延伸对活动的兴趣。

首先，教师延伸上一个环节，询问幼儿是否愿意制作自己的龙龙面具，进一步增强幼儿的兴趣。之后，教师告知幼儿有四种不同的龙龙面具，请幼儿找一找，让幼儿有一个初步的印象。但是这时候的间接经验对于幼儿来说还是很难掌握的，因为寻找龙龙面具的过程需要幼儿仔细分辨不同的五官表情之间的细微差别，而这对于小班幼儿来说还是很困难的。能力较强的幼儿可能能够初步进行分类，并且发现“咦，这竟然不一样”，这会激发其他幼儿的兴趣。之后，幼儿自然会产生更多的问题，例如：一共有多少种龙龙面具？他们为什么表情不一样？他们都做了哪些表情？等等。

3. 对标完善，填写任务单

任务单 S2.3.2
对标案例完善主动体验环节的组织实施
1. 回顾关于主动体验环节的要点，你认为活动“我喜欢你的样子”的主动体验环节应用了哪些支持策略？应用是否到位？落实了组织与实施要点吗？你是如何知道的？

续表

2. 你觉得活动“我喜欢你的样子”对你的启发是什么？请写出三点，越具体越好。
3. 你将如何进一步调整、完善自己的幼儿园教育活动方案的主动体验环节？请写出三种可操作的方法，越具体越好。
4. 请按照上述反思，调改并再次组织实施幼儿园教育活动主动体验环节，在此记录下组织实施的过程。

翻看自己设计的主动体验环节，请你尝试进一步完善。

（三）实践 2.3.3：深度探究环节的组织实施

1. 品读案例

在活动“我喜欢你的样子”的深度探究环节，教师引导幼儿制作自己的龙龙面具，将龙龙的五官动手剪下来，并贴在面具对应的位置，具体如下：

教师：“小朋友们，你们现在认识龙龙的五官了吗？龙龙的五官应该在什么位置呢？请你把它们放到对应的位置，完成龙龙面具吧。”教师发出热情的邀请，并希望得到小朋友们的回应。幼儿根据自身经验，找到对应的龙龙五官，并在空白的面具上贴上。之后，教师继续引导：“小朋友们，请给五官涂上颜色吧，颜色要能够表达龙龙的心情哦。”幼儿随着教师的指引，再次复述五官都有哪些，并且结合自己的喜好给龙龙的五官涂上颜色。经过一系列探索，幼儿自主完成了龙龙面具，知道龙龙的五官都有什么，长什么样，在什么位置。

2. 案例解析

在该活动的深度探究环节，教师采用了任务驱动法和材料引导法，通过请幼儿自主剪和粘贴，完成属于自己的龙龙面具，并且给龙龙的五官涂上颜色，完成属于自己的成果物。

需要注意的是，小班幼儿的注意力受到生理发展的制约，注意力集中时间较短，他们的理解能力也相对较弱，因此，小班的深度探究环节不能有太多的台阶，1～2 个台阶最为适宜。在该环节，教师首先应用了材料引导法，通过具体的操作材料为幼儿的思考提供线索，例如提供剪刀引导幼儿自己剪出龙龙五官的轮廓，用胶棒提示幼儿自主进行粘贴，但是粘贴的过程中要考虑五官所处的位置等，通过幼儿与材料的互动实现“隐形的指导”。

之后，教师运用了任务驱动法，对幼儿提出了更为明确的任务要求且保证幼儿能够听得懂，努力能够做得到。请幼儿动手自己做一个属于自己的龙龙面具，先从寻找和剪一剪不同的五官开始，到粘贴五官，最后进行涂色操作等。教师一步步引导幼儿实现自主深度探究、有意义探究。在整个深度探究环节，教师将与教学内容相关且适宜的支架态放在活动之中，以更为有效地引导幼儿完成相关的探索活动。

3. 对标完善，填写任务单

任务单 S2.3.3
对标案例完善深度探究环节的组织实施 1. 回顾关于深度探究环节的要点，你认为活动“我喜欢你的样子”的深度探究环节应用了哪些支持策略？应用是否到位？落实了组织与实施环节要点吗？你是如何知道的？ 2. 你觉得活动“我喜欢你的样子”对你的启发是什么？请写出三点，越具体越好。 3. 你将如何进一步调整、完善自己的幼儿园教育活动方案的深度探究环节？请写出三种可操作的方法，越具体越好。 4. 请按照上述反思，调改并再次组织实施幼儿园教育活动深度探究环节，在此记录下组织实施的过程。

翻看自己设计的深度探究环节，请你尝试进一步完善。

（四）实践 2.3.4：分享合作环节的组织实施

1. 品读案例

在活动“我喜欢你的样子”的分享合作环节，教师引导幼儿合作完成龙龙五官的变化，了解心情不同时，五官会有什么变化，并初步合作完成“教育戏剧”表演。具体如下：

首先，教师引导幼儿仔细观察自己和同伴制作的龙龙面具，并询问：“小朋友们，你们有没有发现每个人的龙龙都是不一样的呀？请小朋友们说一说，哪里不一样呢？”幼儿经过仔细地观察和思考之后，踊跃地分享自己观察到的结果，其他未分享的幼儿认真倾听。

之后，教师继续引导幼儿：“原来，龙龙在高兴、愤怒、悲伤、恐惧的时候五官是不一样的。让我们请两个小朋友来演一演为什么龙龙会有不同的心情吧。”教师手中拿着龙龙面具，并期待地看向幼儿。请两名语言表达能力和想象力较强的幼儿上台展示，其他幼儿认真倾听和思考自己有没有不一样的想法。

2. 案例解析

在该活动的分享合作环节，教师采用了分享点评法，通过请幼儿分享自己制作的属于自己的龙龙面具，说一说自己与其他小伙伴的面具有哪些不同，自己是怎么做的，让幼儿通过仔细地观察，分享了解不同情绪的龙龙五官上的细微区别。

教师通过请幼儿分享自己制作的龙龙面具，让幼儿有机会在全班面前展示自己的成果物。这既是对幼儿制作成果的肯定，也是锻炼幼儿口语表达，将操作化的经验转化为抽象经验的过程。其他幼儿在倾听幼儿分享的过程中，逐渐养成了认真倾听的习惯，也将别人的经验与自己的经验对照，实现经验的互补。同时，幼儿之间相互进行点评、教师进行点评更是一个思维碰撞的过程，让幼儿将自身的经验、问题与其他幼儿的解答进行对比，实现经验交流。

3. 对标完善，填写任务单

任务单 S2.3.4
对标案例完善分享合作环节的组织实施
1. 回顾关于分享合作环节的要点，你认为活动“我喜欢你的样子”的分享合作环节应用了哪些支持策略？应用是否到位？落实了组织与实施要点吗？你是如何知道的？

翻看自己设计的分享合作环节，请你尝试进一步完善。

续表

2. 你觉得活动“我喜欢你的样子”对你的启发是什么？请写出三点，越具体越好。
3. 你将如何进一步调整、完善自己的幼儿园教育活动方案的分享合作环节？请写出三种可操作的方法，越具体越好。
4. 请按照上述反思，调改并再次组织实施幼儿园教育活动分享合作环节，在此记录下组织实施的过程。

（五）实践 2.3.5：联想创意环节的组织实施

1. 品读案例

在活动“我喜欢你的样子”的联想创意环节，教师引导幼儿自由选择拼合不同的五官面具，创编故事，表演为什么龙龙会出现不同的神情，实现对材料的多样玩法，具体如下：

“小朋友们，现在我们可以自由分组，可以两个人、三个人、四个人一组，说出龙龙为什么会有不同的神情，一起来创造出属于你们的故事吧！”教师指着幼儿自己完成的龙龙面具，露出兴奋和期待的神情。幼儿在教师的引导下，自由分组，说一说自己的龙龙面具是什么样子的，中间发生了什么故事，通过幼儿的联想和创意，活动得以拓展延伸。

2. 案例解析

在该活动的联想创意环节，教师采用了经验材料重组法，通过引导幼儿自由选择拼合不同的五官面具，创编故事，说一说一开始龙龙的情绪是什么样子的，后来变成了什么心情，为什么会有这样的变化，引导幼儿对材料进行进一步的创新和延展。

在这一环节中，教师引导幼儿继续完善自己的成果物，此时的完善并没有增加新的材料，但是增加了新的经验，是在分享合作环节幼儿看到和观察到的新的玩法。同时教师通过引导幼儿将自己的玩教具与其他同伴一起进行游戏，或是扮演不同的角色，或是重新联想创作一个故事，针对每个幼儿或每组幼儿不同的创意点选择有效的互动内容与互动方法，以保证每个幼儿都能够在该环节获得进一步的发展。

3. 对标完善，填写任务单

任务单 S2.3.5
对标案例完善联想创意环节的组织实施 1. 回顾关于联想创意环节的要点，你认为活动“我喜欢你的样子”的联想创意环节应用了哪些支持策略？应用是否到位？落实了组织与实施要点吗？你是如何知道的？

续表

2. 你觉得活动“我喜欢你的样子”对你的启发是什么？请写出三点，越具体越好。
3. 你将如何进一步调整、完善自己的幼儿园教育活动方案的联想创意环节？请写出三种可操作的方法，越具体越好。
4. 请按照上述反思，调改并再次组织实施幼儿园教育活动联想创意环节，在此记录下组织实施的过程。

翻看自己设计的联想创意环节，请你尝试进一步完善。

【我来写一写】

请回顾幼儿园教育活动方案“我的小戏服”，在表 2–3 中描述一下该教育活动各个环节的教师支持策略是什么。

表 2–3 活动分析表

活动环节	教师支持策略
产生兴趣	
主动体验	
深度探究	
分享合作	
联想创意	

【我来练一练】

1. 根据本节的学习与实践，完善 3 份幼儿园教育活动方案。

2. 在班级内组织实施完善后的幼儿园教育活动方案，并记录组织实施 3 个幼儿园教育活动的过程。

【我来想一想】

1. 本节案例是否发挥了为你进一步完善幼儿园教育活动方案时的参考价值？你是如何判断的？

2. 你认为本节中呈现的案例还有哪些地方需要调整和修改？

第三节 反思自身是否能够组织实施幼儿园教育活动

【我来写一写】

请你根据自己对幼儿园教育活动五个环节及教师支持策略的理解，在下面写出幼儿园教育活动方案中你曾使用到的支持策略，并与一同学习的伙伴进行讨论。

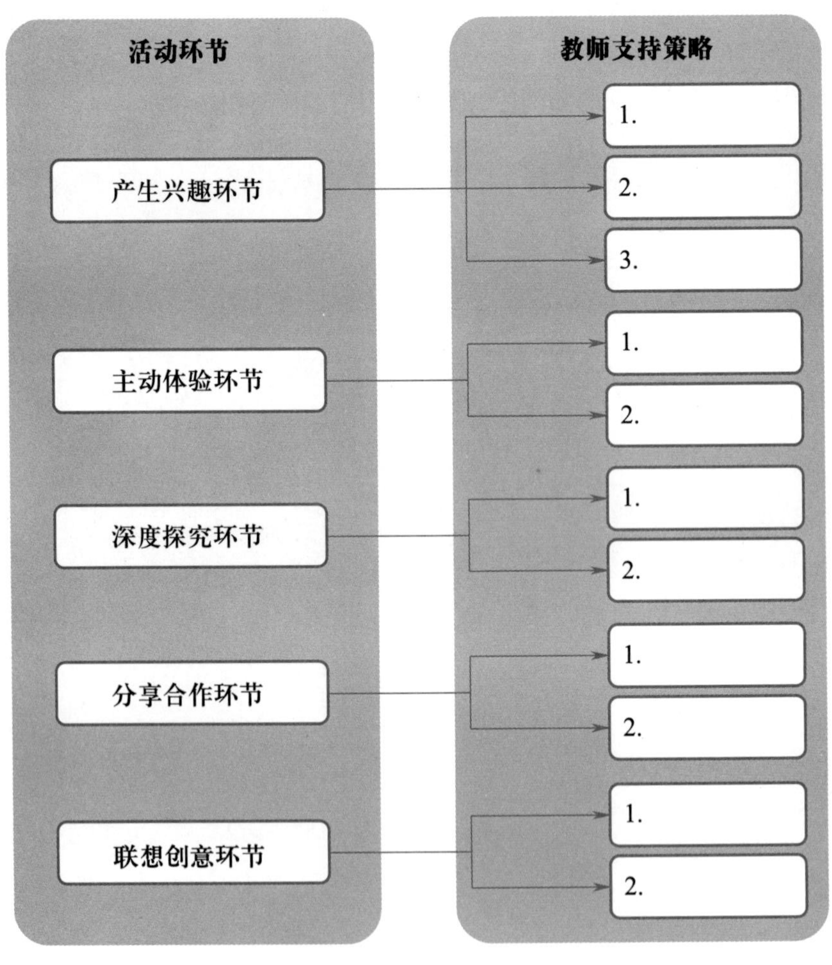

一、反思并完善产生兴趣环节的组织实施

在学习了幼儿园教育活动产生兴趣环节的组织与实施要点，并切实感受了三个幼儿园教育活动的产生兴趣环节后，请以小组为单位或与你身边一同学习的伙伴围绕以下要点展开讨论并记录。

任务单 F2.1.1	
讨论要点	反思记录
1. 你觉得幼儿园教育活动方案的产生兴趣环节有哪些具体的教师支持策略？有何作用？请结合自己的活动方案进行说明	
2. 教师在组织与实施幼儿园教育活动的产生兴趣环节时，需要掌握哪些要点？请结合自己的活动方案进行说明	
3. 除了上述要点，你还想补充哪些注意事项？	

二、反思并完善主动体验环节的组织实施

在学习了幼儿园教育活动主动体验环节的组织与实施要点，并切实感受了三个幼儿园教育活动的主动体验环节后，请以小组为单位或与你身边一同学习的伙伴围绕以下要点展开讨论并记录。

任务单 F2.2.1	
讨论要点	反思记录
1. 你觉得幼儿园教育活动方案的主动体验环节有哪些具体的教师支持策略？有何作用？请结合自己的活动方案举例说明	
2. 教师在组织与实施幼儿园教育活动的主动体验环节时，需要掌握哪些要点？请结合自己的活动方案举例说明	
3. 除了上述要点，你还想补充哪些注意事项？	

三、反思并完善深度探究环节的组织实施

在学习了幼儿园教育活动深度探究环节的组织与实施要点，并切实感受了三个幼儿园教育活动的深度探究环节后，请以小组为单位或与你身边一同学习的伙伴围绕以下要点展开讨论并记录。

任务单 F2.3.1	
讨论要点	反思记录
1. 你觉得幼儿园教育活动方案的深度探究环节有哪些具体的教师支持策略？有何作用？请结合自己的活动方案举例说明	
2. 教师在组织与实施幼儿园教育活动的深度探究环节时，需要掌握哪些要点？请结合自己的活动方案举例说明	
3. 除了上述要点，你还想补充哪些注意事项？	

四、反思并完善分享合作环节的组织实施

在学习了幼儿园教育活动分享合作环节的组织与实施要点，并切实感受了三个幼儿园教育活动的分享合作环节后，请以小组为单位或与你身边一同学习的伙伴围绕以下要点展开讨论并记录。

任务单 F2.4.1	
讨论要点	反思记录
1. 你觉得幼儿园教育活动方案的分享合作环节有哪些具体的教师支持策略？有何作用？请结合自己的活动方案举例说明	
2. 教师在组织与实施幼儿园教育活动的分享合作环节时，需要掌握哪些要点？请结合自己的活动方案举例说明	
3. 除了上述要点，你还想补充哪些注意事项？	

五、反思并完善联想创意环节的组织实施

在学习了幼儿园教育活动联想创意环节的组织与实施要点，并切实感受了三个幼儿园教育活动的联想创意环节后，请以小组为单位或与你身边一同学习的伙伴围绕以下要点展开讨论并记录。

任务单 F2.5.1	
讨论要点	反思记录
1. 你觉得幼儿园教育活动方案的联想创意环节有哪些具体的教师支持策略？有何作用？请结合自己的活动方案进行说明	
2. 教师在组织与实施幼儿园教育活动的联想创意环节时，需要掌握哪些要点？请结合自己的活动方案进行说明	
3. 除了上述要点，你还想补充哪些注意事项？	

【我来写一写】

通过本章的学习，你是否对幼儿园教育活动方案的设计与实施有了新的认识？请你再次完成“幼儿园教育活动组织与实施树”的填写。

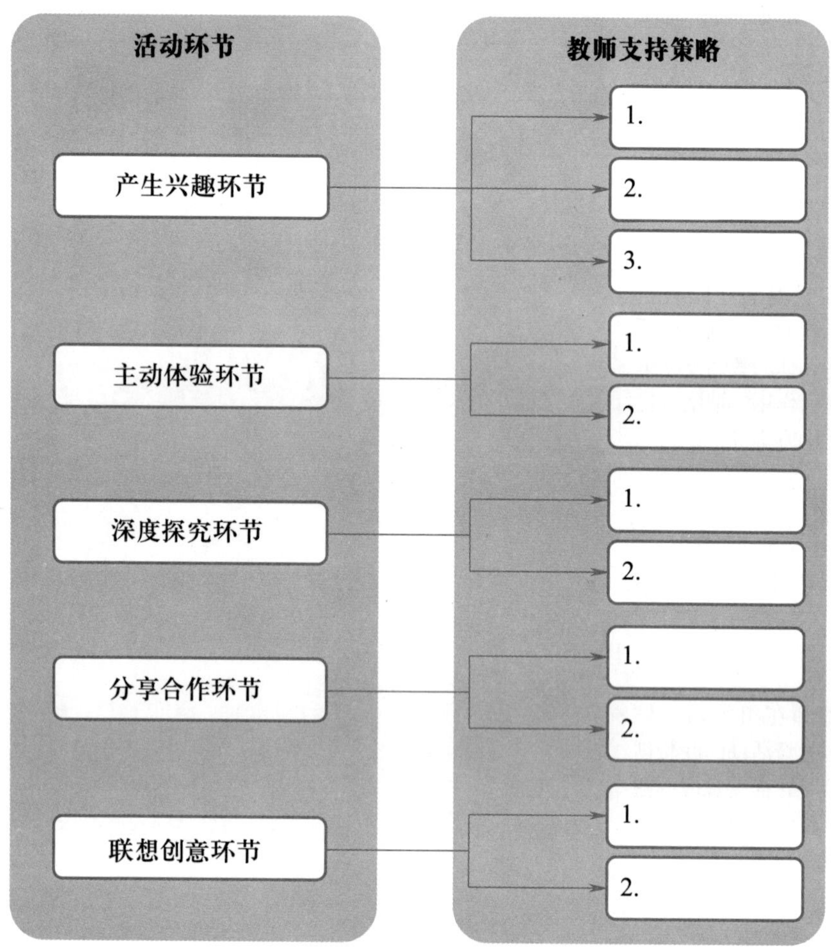

【我来练一练】

1. 根据所学教师支持策略的要点，继续完善 3 份幼儿园教育活动方案。

2. 在班级内组织实施完善后的幼儿园教育活动方案，并记录组织实施 3 个幼儿园教育活动的过程。

【我来想一想】

1. 本节要点是否为你提供了反思幼儿园教育活动各环节和教师支持策略如何设计的重点内容呢？

2. 你认为本节要点和反思记录还可以怎样调整和完善？

【再选一选】

请你在不借助任何参考资料的情况下，独立判断自己对幼儿园教育活动组织实施的理论知识的理解，并在表 2-4 中相应的方框内画√。

表 2-4 教师自评表

编号	题 项	不符合	不太符合	一般	比较符合	非常符合
1	我认为幼儿园教育活动应在教师有目的、有计划地引领下，带动幼儿体验积极的学习过程，达成有意义的学习结果					
2	我认为幼儿园教育活动应是分环节、有步骤的，每一个步骤都应该有具体且有效的教师支持策略					
3	我认为在活动开始的导入环节教师应有目的地引导幼儿产生对活动的兴趣					
4	我认为在活动开始的导入环节应尽可能时间长，以保证幼儿有更强的兴趣					
5	我认为让幼儿自由地探索和玩耍是幼儿园教育活动最重要的组成部分					
6	我认为在幼儿体验之前，教师应给幼儿展示操作材料，并允许幼儿看一看、摸一摸，调动多感官体验操作材料					

续表

编号	题　项	不符合	不太符合	一般	比较符合	非常符合
7	我认为在幼儿自主探索的过程中，教师是“藏在里面”的，教师可以用材料中暗含的“机关”引导幼儿逐步解决问题					
8	我认为在幼儿自主操作和探索之后，应让幼儿拿着自己的成果物进行分享					
9	我认为在幼儿分享和展示的过程中，其他幼儿可以通过观察同伴的作品和学习同伴的经验促进自身发展					
10	我认为教师可以引导幼儿重新组合原有的经验和材料，也可以发现新的适合本次幼儿园教育活动的经验和材料					

【总结与应用】

一、我们分享的信息

幼儿园教育活动方案实施的环节包含产生兴趣、主动体验、深度探究、分享合作、联想创意，每个环节均应重视教师的支持策略，其中：

产生兴趣环节的教师支持策略有实物引导、图画书引导、游戏引发等；

主动体验环节的教师支持策略有情境体验、实物操作等；

深度探究环节的教师支持策略有材料引导、任务驱动等；

分享合作环节的教师支持策略有分享点评、优势互补等；

联想创意环节的教师支持策略有材料重组、材料再造等。

二、你怎样去行动

认识幼儿园教育活动相互衔接的五个环节。

了解幼儿园教育活动产生兴趣、主动体验、深度探究、分享合作、联想创意五个环节的教师支持策略。

能够在活动的各个环节尝试灵活地运用多样化的教师支持策略，支持幼儿的学习与发展。

三、你的园所将会获得怎样的收益

收获幼儿园教育活动的教案集；

收获具体、丰富、可操作的幼儿园教育活动教师支持策略。

教师队伍整体的岗位胜任力得以提升；

包含课程领导力和基于课程领导力的教师领导力在内的园长领导力得以提升。

【拓展阅读】

[1] 希森．热情投入的主动学习者：学前儿童的学习品质及其培养 [M]. 霍力岩，等译．北京：教育科学出版社，2017.

该书是美国幼儿教育协会多年来关于学习品质问题研究的一个成果总结，在系统梳理学习品质的概念、结构要素、框架标准以及积极学习品质的重要作用之基础上，具体论述了该如何在实践中培养儿童的积极学习品质，从课程选择、教学方法、评估、教师、家庭等多个角度提出了培养儿童积极学习品质的工具，将对儿童学习品质的研究推进到了实践层面，对我国幼儿教育界认识、把握以及落实《指南》精神具有重要意义。

[2] 林瑛熙，霍力岩．支架儿童的主动学习：经历 经验 经典 [M]. 北京：北京师范大学出版社，2016.

该书是深圳市莲花二村幼儿园围绕“支架儿童的主动学习”这一核心思想阐述该园莲花课程十多年的优质实践经验。该园莲花课程把区域活动和主题活动作为课程活动的核心内容，注重儿童的主动学习。全书从幼儿园课程的教学实践、教师培训、评价实践等三大方面论述该课程的实施过程，并详细介绍了课程建构的背景、历程、理论基础、立场声明，对幼儿园课程实践与改革具有较强的指导意义。

第三章 幼儿园教育活动中的观察与评价

学习目标

学习本章内容后，你将能够更好地：

1. 运用幼儿行为观察与评价工具对幼儿的发展水平进行评量。

2. 了解观察与记录幼儿典型行为表现的维度与具体要点。

3. 按照规范化步骤在幼儿园教育活动中对幼儿进行发展性评价与激励。

【想一想】

在“神奇的条形码”活动中，果果老师播放了一段关于生活中的条形码的视频，请小朋友们仔细观察视频中超市收银员扫描的是商品的哪个位置。为了了解教育活动是否达成目标，果果老师围绕“能够关注未知，对新鲜事物产生好奇心和学习兴趣”这个学习品质目标，以及“能够通过观察和对比，感知并初步总结条形码外形与功能”“能够和同伴一起合作完成任务”这两个关键经验目标进行观察。果果老师通过观察发现，乐乐能够在视频中扫描声音出现时看向屏幕，但是在“嘀”声之外的视频播放过程中却在座位上左顾右盼，偶尔自言自语道“这是什么”，之后就又被周围的其他事情吸引过去了。在果果老师把印有条形码的商品和放大镜放到桌子上后，乐乐把果果老师提供的商品逐个快速地扫看了一遍，之后就摆弄起了放大镜，拿着放大镜一会儿看看天花板，一会儿看看窗外。不出意外地，在小组合作发现条形码数字的奥秘环节，组内其他小朋友围在桌子旁，热烈地说着自己观察的结果，并且将观察结果写在记录单上。乐乐游走在小组成员的外围，时不时漫无目的地看一看记录单，有时还走到别的小组旁看一看。基于这样的观察结果，果果老师将乐乐的表现划为水平一，认为乐乐有很大的发展空间，在活动后她和配班老师一起讨论推动乐乐向更高发展水平迈进的方法。

请你基于上述案例思考以下三个问题：

（1）幼儿园教师应观察幼儿哪些方面的典型行为表现？

（2）幼儿园教师如何记录幼儿的典型行为表现？

（3）幼儿园教师如何基于典型行为表现对幼儿进行评价激励？

【选一选】

请你在不借助任何参考资料的情况下，独立判断自己对观察与记录幼儿典型行为表现并有效激励的理论知识的理解，并在表 3-1 相应的方框内画√。

表 3-1 教师自评表

编号	题项	不符合	不太符合	一般	比较符合	非常符合
1	我认为在活动过程中观察与记录的最主要的内容是幼儿的典型行为表现					
2	我认为在活动过程中观察与记录幼儿的维度包括学习品质与关键经验					
3	我认为在活动中需要按照一定的点位和内容来有逻辑地观察与记录幼儿的典型行为表现					
4	我认为《3～6 岁儿童学习与发展指南》是观察幼儿关键经验维度典型行为表现的重要依据					
5	我认为对幼儿的发展性评价与激励可以在观察与记录幼儿典型行为表现之前进行					
6	我知道对幼儿进行发展性评价与激励的步骤					
7	我认为对幼儿进行发展性评价与激励重要的是最终判定幼儿处于哪个发展层级					
8	我认为幼儿行为观察与评价工具的设计是促进幼儿学习与发展的重要举措					
9	我认为幼儿行为观察与评价工具的设计和观察与记录幼儿典型行为表现的要点和内容有密切联系					
10	我认为幼儿行为观察与评价表应当按照层级逐级清晰设计					

第一节 幼儿园教育活动中的幼儿行为观察与评价

【我来写一写】

你认为幼儿园教育活动中的幼儿行为观察与评价应该如何做？请你根据自己目前对幼儿园教育活动中的幼儿行为观察与评价的理解，尝试完成以下内容的填写。

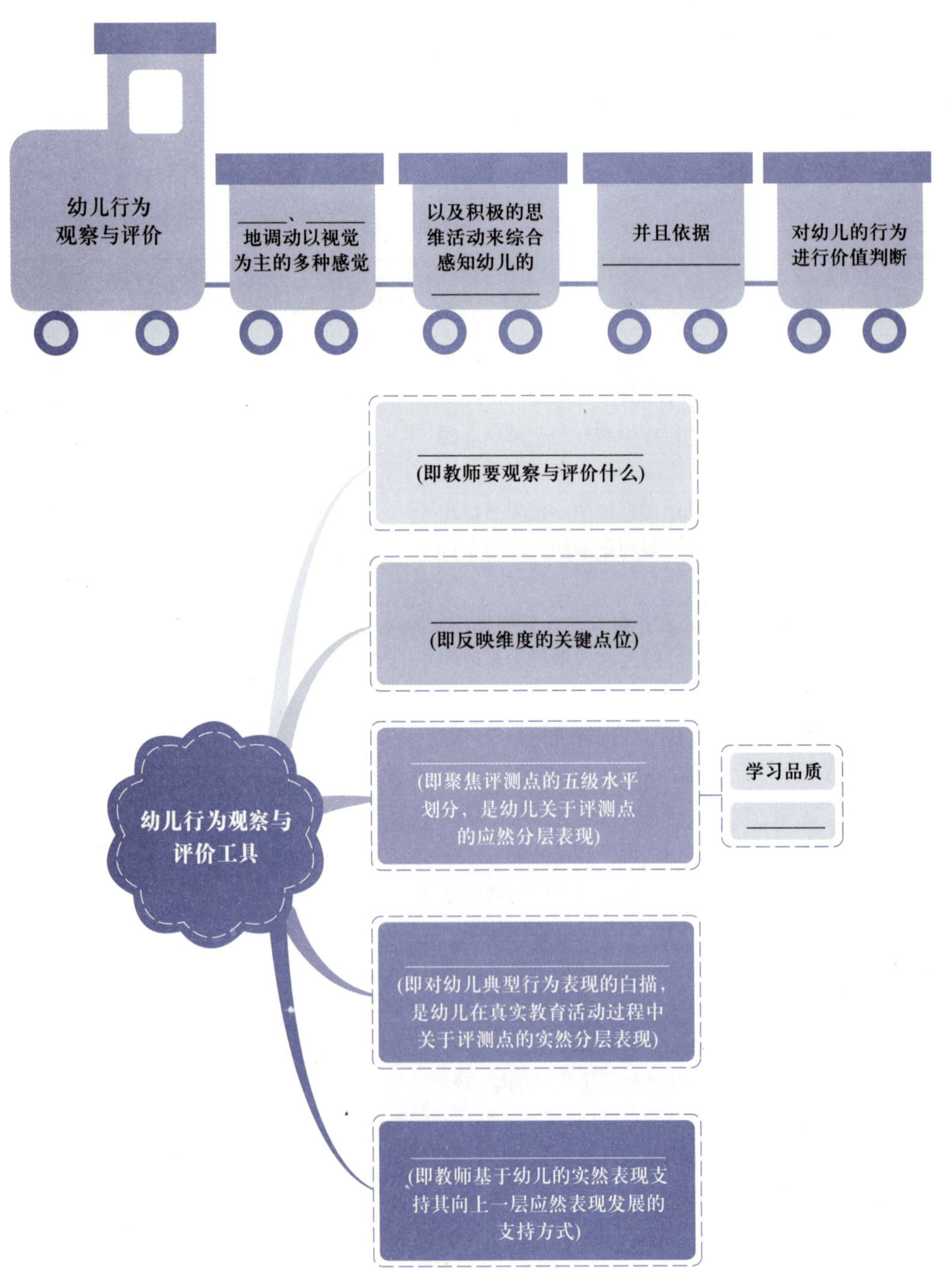

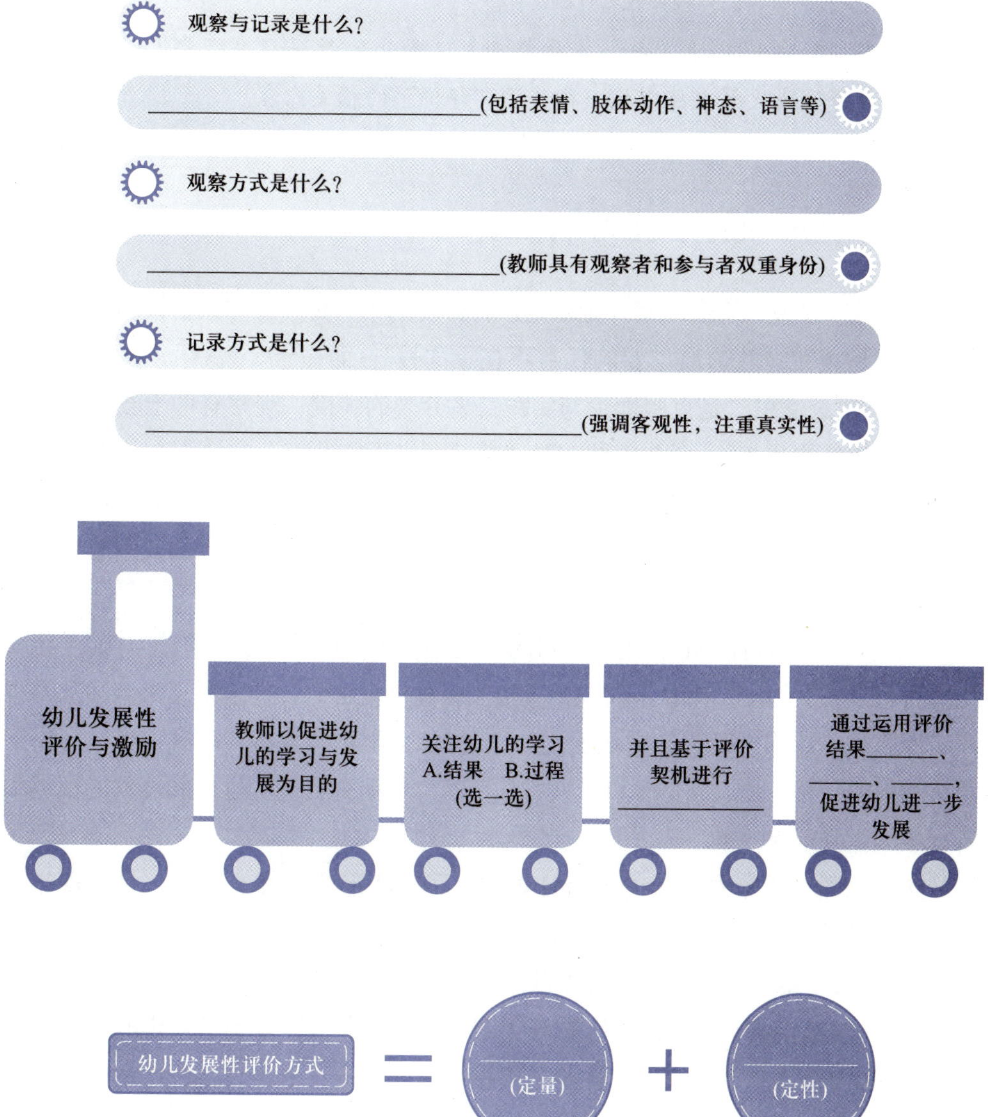
观察与记录是什么？
________(包括表情、肢体动作、神态、语言等)
观察方式是什么？
________(教师具有观察者和参与者双重身份)
记录方式是什么？
________(强调客观性，注重真实性)
幼儿发展性评价与激励
教师以促进幼儿的学习与发展为目的
关注幼儿的学习 A.结果 B.过程 (选一选)
并且基于评价契机进行________
通过运用评价结果______、______、______，促进幼儿进一步发展

幼儿发展性评价方式
=
(定量)
+
(定性)

一、幼儿行为观察与评价概述

随学随练

请在《3～6 岁儿童学习与发展指南》《幼儿园教育指导纲要（试行）》等学前教育领域政策文件中找一找关于“评价”的相关内容。

（一）何为幼儿行为观察与评价工具

对于教师来说，学会观察并记录是教育行动的第一步。正如蒙台梭利所说，教育的前提是观察，教师最重要的任务不在于“教”，而在于“观察”。杜威也指出“观察、洞察、反思”是克服理论与实践二者分裂的关键，观察有助于教师了解实践中的“独特的儿童”，而非停留在对“普遍意义上的儿童”的认识。评价是幼儿园教育活动设计与实施的重要环节，是优化教师教育活动过程和促进幼儿适宜性发展的重要途径，构建科学且系统的幼儿观察与评价框架有助于提升幼儿园教育质量和幼儿发展水平。[①]

“观察”可以解释为有计划、有目的地用感官来知觉事物或现象的方法。《新闻传播百科全书》指出，观察不仅包括直接用眼睛捕捉信息，还包括思考意义上的观察，即将视觉感知上升为知觉认识。[②]《应用社会学词典》将“观察”界定为收集社会情报的一种方法，它必须以涉及被研究客体和研究目的的过程和现象的视觉和听觉或知觉为前提。[③]

综上来看，观察是有目的、有计划的一种高级形式的知觉活动，是以视觉为主，融其他感觉为一体的综合感知活动和积极的思维活动。其中，“观”指看、听等感知行为，“察”指分析、思考等思维活动。

《当代汉语词典》将“评价”解释为“评论价值高低”以及“评定的价值”。[④]《心理咨询大百科全书》指出，评价是根据一定的标准，对教育过程中所产生的思想、学业、行动和个性等方面的变化进行估价并确定其价值的过程，常以测量的结果有多大价值为着眼点。目的是促进学生的学习，为教师的教学效果与效率提供必要的反馈，帮助指导、咨询和个别教学。[⑤]有研究者指出，教育评价是在教育过程

① 康建琴，刘焱．制定幼儿园评估标准需要澄清的几个问题 [J]. 学前教育研究，2011，193（1）：29-33.
② 邱沛篁，吴信训，向纯武，等．新闻传播百科全书 [M]. 成都：四川人民出版社，1998.
③ 达维久克．应用社会学词典 [M]. 哈尔滨：黑龙江人民出版社，1988.
④ 莫衡．当代汉语词典 [M]. 上海：上海辞书出版社，2001.
⑤ 车文博．心理咨询大百科全书 [M]. 杭州：浙江科学技术出版社，2001.

中，评价者按照一定的价值标准，对受教育者的发展变化过程及其构成变化的诸多因素进行价值判断的主题活动。[①] 由此可见，评价与价值紧密相关，其落脚点为价值的高低。

因此，在幼儿园教育活动中，幼儿行为观察与评价可以理解为有目的、有计划地调动以视觉为主的多种感觉以及积极的思维活动来综合感知幼儿的典型行为表现，并且依据一定的标准，对幼儿的行为进行价值判断。

工具，从字面意思来看，原指“工作时所需用的器具”，引申为“为达到、完成或促进某一事物的手段”。评价工具是教师完成对幼儿行为观察与评价的重要抓手。换言之，幼儿行为观察与评价工具为观察与评价幼儿行为提供了标准，使教师作为观察者与幼儿发展支持者能够依据一定的框架有逻辑地开展观察与评价，进而施加适宜的支持行为。

（二）幼儿行为观察与评价工具的内容

在真实的教育过程中伴随，教中有评，评中有教，评教合一的评价可能是幼儿园最易行、最有效的一种评价方式。[②] 融入课程的评价工具可以为幼儿园教师提供一个结构化的观察与评价框架，让教师在真实的教学情境中了解幼儿的活动状态和发展水平，以便更好地调整与推动教学活动的开展。因此，融入活动的幼儿行为观察与评价工具聚焦于以幼儿学习与发展为核心的目标达成，包括以下五大内容：维度、评测点、水平层级、轶事记录、支持策略。

大家谈：骨干教师如何看待幼儿行为观察与评价

1. 维度，即教师要观察与评价什么

幼儿园教育活动的目标包括品德启蒙、文化底蕴、学习品质、关键经验四个维度，其中学习品质目标与关键经验目标是显性目标，学习品质目标指向幼儿“怎么学”，关键经验目标指向幼儿“学什么”；品德启蒙目标与文化底蕴目标是隐性目标，伴随在显性目标的达成过程中。由此，幼儿行为观察与评价工具的设计以学习品质和关键经验为主，其中关键经验即《指南》中提出的五大领域，因此幼儿行为观察与评价工具包括学习品质与五大领域共六个维度。

2. 评测点，即反映维度的关键点位

在学习品质维度，幼儿的典型行为表现包括学习态度和学习行为两大方面（表3-2）。

---

① 胡静．幼儿园教育情境中教师评价行为研究 [D]. 重庆：西南大学，2014：16.

② 苏婧，等．儿童视角下北京市幼儿园课程的实践与创新 [M]. 北京：北京师范大学出版社，2019：116.

表 3–2 学习品质维度幼儿典型行为表现的观察与记录要点

维度	学习品质	典型行为表现
学习态度	好奇心	敏感、关注未知、好问、喜欢摆弄等
学习行为	主动性	作出选择和计划、问题解决、参与、合理冒险等
	坚持性	集中注意力、对困难任务的坚持、对目标的持续追求等
	合作性	助人、交往、协同等
	创造性	丰富、新颖等

第一，学习态度具体包括好奇心。好奇心的典型行为表现是敏感、关注未知、好问以及喜欢摆弄。

第二，学习行为具体包括主动性、坚持性、合作性和创造性。主动性的典型行为表现是作出选择和计划、问题解决、参与以及合理冒险。坚持性的典型行为表现是集中注意力、对困难任务的坚持以及对目标的持续追求。合作性的典型行为表现是助人、交往以及协同。创造性的典型行为表现是丰富和新颖。

在关键经验维度,《指南》为全面深入观察幼儿提供了清晰的框架，由幼儿学习与发展领域、子领域、目标以及若干典型行为表现组成。幼儿在关键经验方面的典型行为表现主要关注健康、语言、社会、科学、艺术五大领域（表 3–3）。

表 3–3 关键经验维度幼儿典型行为表现的观察与记录要点

维度	关键经验	典型行为表现
健康	身心状况	具有正确的站、坐、走姿势；情绪稳定，能控制不良情绪；能适应新的环境；等等
	动作发展	具有一定的平衡能力；能单脚连续向前跳；等等
	生活习惯与生活能力	按时睡觉和起床；会穿脱衣服；遵守交通规则；等等
语言	倾听与表达	能听懂产用语言；说普通话；使用礼貌用语；等等
	阅读与书写准备	喜欢阅读图书；能体会文学作品的情绪情感；书写姿势正确；等等
社会	人际交往	正确对待同伴的意见和建议；承担有一定难度的任务；尊重他人劳动及成果；等等
	社会适应	喜欢上幼儿园；不随意拿别人的东西；知道国旗和国歌，热爱祖国；等等

续表

维度	关键经验	典型行为表现
科学	科学探究	能做简单的调查；认识常见动植物；等等
	数学认知	理解事务的排列规律；认识常见的几何图形；等等
艺术	感受与欣赏	发现美的事物；喜欢欣赏艺术作品；等等
	表现与创造	喜欢用艺术方式表达；唱歌，绘画；等等

健康领域具体包括身心状况、动作发展、生活习惯与生活能力三大方面。

- 身心状况方面包括具有健康的体态，情绪安定愉快，具有一定的适应能力三个要点。例如，具有健康的体态的典型行为表现是站、坐、走姿势正确。情绪安定愉快的典型行为表现是能控制不良情绪、表达情绪、分享情绪。具有一定的适应能力的典型行为表现是适应户外活动、适应新的环境、适应集体生活、人际适应良好。
- 动作发展方面包括具有一定的平衡能力，动作协调、灵敏；具有一定的力量和耐力；手的动作灵活协调三个要点。例如，具有一定的平衡能力的典型行为表现是动作协调、灵敏、能在地面走直线、走平衡木、在不平稳物体上行走、上下楼梯、钻爬、攀爬、双脚向前跳、跨跳、跳绳、躲避碰撞、躲闪、抛球、拍球。具有一定的力量和耐力的典型行为表现是悬吊、投掷沙包、单脚连续向前跳、快跑、长途行走。手的动作灵活协调的典型行为表现是画简单图形、使用勺子、使用筷子、使用剪刀、使用劳动工具。
- 生活习惯与生活能力方面包括具有良好的生活与卫生习惯，具有基本的生活自理能力，具备基本的安全知识和自我保护能力三个要点。例如，具有良好的生活与卫生习惯的典型行为表现是按时睡觉和起床、参加体育活动、饮食均衡、饮食习惯、喜欢喝白开水、保护眼睛、保持自身清洁。具有基本的生活自理能力的典型行为表现是会穿脱衣服、主动增减衣服、会系鞋带、整理自己的物品。具备基本的安全知识和自我保护能力的典型行为表现是安全意识、躲避危险、遵守安全规则、知道求助。

语言领域具体包括倾听与表达、阅读与书写准备两大方面。

- 倾听与表达方面包括认真听并能听懂常用语言，愿意讲话并能清楚地表达，具有文明的语言习惯三个要点。例如，认真听并能听懂常用语言的典型行为表现是听他人讲话、听日常会话、理解较复杂的语言、理解语气和语调。愿意讲话并能清楚地表达的典型行为表现是与他人交谈、说普通话、讲述一件事情、复述、说民族语言或本地语言、描述国旗。具有文明的语言习惯的典型行为表现是倾听他人讲话、与他人讲话时使用礼貌用语。

• 阅读与书写准备方面包括喜欢听故事和看图书，具有初步的阅读理解能力，具有书面表达的愿望和初步技能三个要点。例如，喜欢听故事和看图书的典型行为表现是听故事、阅读图书、讲故事、具有文字敏感性。具有初步的阅读理解能力的典型行为表现是理解故事内容、阅读画面、体会文学作品的情绪情感、评价所阅读的作品。具有书面表达的愿望和初步技能的典型行为表现是能用图画和符号进行表达，书写姿势正确，能书写自己的名字、书写民族文字。

社会领域具体包括人际交往、社会适应两大方面。

• 人际交往方面包括愿意与人交往，能与同伴友好相处，具有自尊、自信、自主的表现，关心尊重他人四个要点。例如，愿意与人交往的典型行为表现是和同伴交往、和长辈交往。能与同伴友好相处的典型行为表现是与同伴一起游戏、与同伴分享、解决冲突、合作完成任务、能接受同伴的意见和建议、不欺负他人。具有自尊、自信、自主的表现的典型行为表现是自主游戏、自我认识、独立做事、承担有一定难度的任务。关心尊重他人的典型行为表现是尊重他人、关心他人、尊重他人劳动及成果。

• 社会适应方面包括喜欢并适应群体生活，遵守基本的行为规范，具有初步的归属感三个要点。例如，喜欢并适应群体生活的典型行为表现是喜欢参加群体活动、喜欢上幼儿园、渴望上小学、愿意与家长一起参加群体性活动。遵守基本的行为规范的典型行为表现是遵守规则、不随意拿别人的东西、不损害他人物品、诚实、守信、节约资源。具有初步的归属感的典型行为表现是热爱家庭、热爱班级、热爱家乡、知道国旗和国歌、热爱祖国、认识民族、认识中国地图、知道自己的国家名、知道国家领导人、能区分外国人、知道升国旗时的礼节。

科学领域具体包括科学探究、数学认知两大方面。

• 科学探究方面包括亲近自然、喜欢探究，具有初步的探究能力，在探究中认识周围事物和现象三个要点。例如，亲近自然、喜欢探究的典型行为表现是对周围的世界感兴趣、喜欢问问题、喜欢摆弄和探索。具有初步的探究能力的典型行为表现是观察比较事物、猜测和验证、做简单的调查、用符号进行记录、合作交流。在探究中认识周围事物和现象的典型行为表现是认识常见动植物、了解动植物和自然界的关系、发现物体的结构特点、感知和了解季节、知道简单物理现象、理解自然界的关系、知道科技产品与生活的关系。

• 数学认知方面包括初步感知生活中数学的有用和有趣，感知和理解数、量及数量关系，感知形状与空间关系三个要点。例如，初步感知生活中数学的有用和有趣的典型行为表现是感知事物的形状特征、感知数与生活的关系、理解事物的排列规律。感知和理解数、量及数量关系的典型行为表现是理解事物量的特征、比较两组物体的多少、点数、按数取物、数的分解组成、理解加减的意义。感知形状与空间的典型行为表现是认识常见几何图形、画和搭建几何形体、感知物体基本的空间位置与方位、辨别左右。

艺术领域具体包括感受与欣赏、表现与创造两大方面。

• 感受与欣赏方面包括喜欢自然界与生活中美的事物，喜欢欣赏多种多样的艺术形式和作品两个要点。例如，喜欢自然界与生活中美的事物的典型行为表现是发现美的事物、分享美的事物、倾听和表达各种声音。喜欢欣赏多种多样的艺术形式和作品的典型行为表现是喜欢艺术作品、表达对艺术作品的欣赏。

• 表现与创造方面包括喜欢进行艺术活动并大胆表现，具有初步的艺术表现与创造能力两个要点。例如，喜欢进行艺术活动并大胆表现的典型行为表现是喜欢艺术活动、喜欢用艺术的形式表达情绪情感。具有初步的艺术表现与创造能力的典型行为表现是唱歌、律动、会用艺术的形式表现、表演、绘画。

3. 水平层级，即聚焦评测点的三级应然水平划分

以科学维度的评测点“对周围的世界感兴趣”为例，幼儿关于这一评测点的应然分层表现有三级水平，其中一级、二级、三级的行为水平可分别界定为“不愿意接触大自然，对周围的事物和现象不感兴趣”“喜欢接触新事物”“对周围的世界充满兴趣和好奇”。

4. 轶事记录，即对幼儿典型行为表现的观察白描，可作为水平划分的参考

“轶事”指的是独特的事件，也可以是观察者感兴趣的、有意义的事件。轶事记录法指观察者将自己感兴趣，并认为有价值、有意义的幼儿行为和反应以及可表现幼儿个性的行为事件，用叙述性的语言记录下来，以供分析幼儿行为时使用①。幼儿行为观察与评价工具中的轶事记录栏主要聚焦于观察幼儿的典型行为表现，并用叙述性的语言进行记录，以作为判定处于评量表中哪一级水平的参考，为教师进一步分析与支持幼儿奠定基础。

5. 支持策略，即教师基于幼儿的实然表现支持其向上一层应然表现发展的支持方式

教师在活动过程中采取相应的支持策略，以帮助幼儿实现从现有水平向“最近发展区”水平的迈进，包括但不局限于语言类、材料类等各种支持方式。

二、在幼儿园教育活动过程中观察与评价幼儿

（一）教师应该如何使用幼儿行为观察与评价工具

观察与评价工具是直接拿来就能用的工具，评测点与活动目标对应，教师只需要根据想要支持幼儿达成的“发展点”，从中选择相应的评测点，在评价时选取对

① 夏靖. 轶事记录法在幼儿评价中的应用 [J]. 学前教育研究，2003（Z1）：50–52.

应评测点的等级评量表即可。这种工具设计巧妙地将幼儿评价与教育实践有效地联系起来，注重在真实环境下对幼儿的学习活动进行有效的观察、分析与支持，也巧妙地将幼儿的“最近发展区”可视化地呈现出来，使教师观察、解读与支持幼儿的能力也不断提升。

大家谈：践行教育家精神，促进幼儿园高质量发展

当然，这套评价工具拿来就能用的便捷性还依赖教师对幼儿典型行为表现的描述，比如“敏感”这个评测点的一级水平是“很难发现环境中的新变化”，教师需要描述出幼儿的相关典型行为表现来为对幼儿的价值判断提供“原始证据”，如“贝贝老师为了让幼儿能够通过建构区的搭建来了解交通规则，提前在建构区投放了红绿灯、小汽车等自制材料。贝贝老师让小朋友们看一看建构区多了哪些材料时，小蓝歪着头看向建构区，左看看，右看看，就是没有发现放在矮柜上的小标识和小汽车。”

教师在使用幼儿行为观察与评价工具时，一是要注意在真实情况中使用。教师在对幼儿发展水平进行评定时要注意“在日常活动与教育教学过程中采用自然的方法进行”，“在熟悉的课堂环境中完成的真实性评价是幼儿教育项目中教与学的核心”①。所以，伴随活动过程开展的基于真实情境的评价才是能真正观察到幼儿真实发展水平的评价。

二是要注意采取有序的观察与评价步骤。在明确观察目标后，教师需要做的就是选择观察对象，然后明确观察对象在具体场景中的实际表现，即对观察对象的哪些行为进行观察。同时，在聚焦活动目标的实际观察中，教师要能够抓住观察的重点，在活动过程中有针对性地进行观察，否则很容易乱了阵脚。在观察的过程当中，教师要在不妨碍幼儿正常参与活动的基础上了解幼儿的真实表现。此外，教师还要基于观察做好记录，这是确保评价准确、客观最为重要的一环。

（二）在活动过程中教师应该观察什么与记录什么

还原“实时情境”是幼儿行为观察与记录的最佳方式。《幼儿园教育指导纲要（试行）》指出，“平时观察所获的具有典型意义的幼儿行为表现和所积累的各种作品等，是评价的重要依据”，因此教师应该观察与记录对应评测点的幼儿典型行为表现。

典型行为表现可以理解为具有代表性的外在表现，其中外在表现包括表情、肢体动作细节、神态、语言等一切可以观察到的行为元素。这些就是幼儿行为观察与记录的核心内容，也是供教师后续评价使用的重要的“一手证据”。由此，在幼儿园教育活动过程中幼儿所表现出来的典型行为表现对教师实施评价具有重要的“原

① 麦卡菲，梁，博德罗瓦．怎样评价幼儿才有效：评价和指导幼儿发展与学习的策略：第6版[M]．李冰伊，霍力岩，译．北京：中国轻工业出版社，2020.

始性证据意义”。需要注意的是，教师只有围绕活动目标（对应评测点）仔细观察幼儿的典型行为表现，才能与评价工具中的五级水平进行比对，判断观察对象现在到底处于什么样的发展水平。

（三）确定如何观察与如何记录

教师身处活动过程之中，对活动的展开发挥着重要的推动作用，因此根据观察者是否直接介入被观察者的活动中这一标准，幼儿园教育活动过程中的观察方式为参与式观察。参与式观察是指观察者在参与被观察者活动过程中进行的观察，观察者在与幼儿的互动中倾听与观看幼儿的言行，进行记录和分析。[①] 在参与式观察中，教师具有观察者和参与者的双重身份，这有助于教师获取较为具体的感性认识，且能够随时通过提问等介入方式来了解幼儿行为背后的心理活动和原因。与此同时，这也对教师提出了更高的要求，即教师作为观察者要和幼儿保持良好的关系，要清晰地知晓自己的双重身份并知道如何运用，在参与幼儿活动的同时保持观察必要的心理距离和空间距离。[②]

聚焦活动目标观察幼儿的行为表现，对应相应评测点下幼儿行为表现水平的记录方式就是轶事记录。这种记录方式强调客观性，注重真实性，记录的内容除了事情发生的时间、地点、观察对象姓名外，还有观察对象的语言、行为、表情等。在进行轶事记录时，教师要尽量在用词上做到描述具体，清晰明了，通俗易懂，避免抽象的概括和主观的判断，用词平实，避免因一些文学修辞手法的运用使阅读记录的人理解有误或是理解困难。[③]

三、对幼儿进行发展性评价与激励

随学随练

你认为幼儿进行发展性评价与激励的步骤有哪些？

杜威认为，评价不是陈述，而是分析、权衡、预测、判断，是一种认识性活动。[④] 评价在心理学领域应用时，与测量、测验等紧密相连；在教育学领域，评价被看作教学的一部分，目的在于促进教师的教和幼儿的学。[⑤]

---

① 李晓巍．幼儿行为观察与案例 [M]. 上海：华东师范大学出版社，2016：15.
② 李晓巍．幼儿行为观察与案例 [M]. 上海：华东师范大学出版社，2016：15.
③ 李晓巍．幼儿行为观察与案例 [M]. 上海：华东师范大学出版社，2016：69–70.
④ 杜威．评价理论 [M]. 冯平，余泽娜，等译．上海：上海译文出版社，2007：19.
⑤ 房阳洋．幼儿园教师“评价与激励”能力及其发展研究：教师评价素养的视角 [D]. 北京：北京师范大学，2018.

发展性评价是一种以促进发展为目的的形成性评价，评价的目的不是选拔而是促进发展；评价不仅仅关注是否达成了目标，更加关注过程，或者说是通过关注过程来评价；评价主体与客体之间不是分割开的对立面，而是以共促幼儿发展为走向的平等合作关系；评价的方式不是单一的量化，而是量化与质性相结合。①

激励可以被解释为“激发，使振作”。在心理学领域，激励是指激发和维持有机体的行动，并使该行动朝向一定目标的心理倾向或内部驱力。② 在教育学领域，激励是一个催化的过程，是教师激发学生的动机，调动其积极性和创造性，使其朝着所期望的目标努力前进的过程。在幼儿园教育活动中，幼儿发展性评价与激励可以理解为幼儿园教师以促进幼儿的学习与发展为目的，关注幼儿的学习过程，并基于评价契机进行教育决策，通过运用评价结果激发、引导、支持幼儿进一步发展。

对幼儿进行评价有等级评定法与轶事记录法相结合的形式。其中，等级评定法是指观察者在对幼儿进行观察后，对其行为表现所达到的水平进行评定，并对其行为质量的高低进行量化判断的一种方法。③ 等级评定法本质上是教师对幼儿行为的一种主观判定，因此，教师在使用时应当尽量避免主观偏见的影响，通过在教育活动过程中的多次观察来全面深入地了解观察对象，从而使评价结果更加客观和可靠。为了避免主观偏见对幼儿行为等级水平判定准确性的影响，教师需要搭配轶事记录法进行评价，换言之，教师需要先进行轶事记录，通过客观的描述性观察来支撑水平评定。幼儿典型行为表现的观察与幼儿发展性评价是密不可分的，可以说没有细致的观察就不会有正确的评价。

轶事记录属于定性观察，描述和解释是定性观察的基本特点，因此，基于定性观察的轶事记录强调在真实的活动场域对观察对象作全方位观察，试图真实自然地揭示幼儿行为的方式、意义、价值和动机等。轶事记录更多的是提供行为背后意义的深层次阐释。教师作为观察者可以根据特定的观察任务设计观察要素，一般来讲，轶事记录包含三个基本要素：先行事件、幼儿行为以及行为结果。例如，王老师为每组幼儿分发一只风筝，引导幼儿以小组为单位观察风筝的结构（先行事件）。朵朵靠近桌子，歪着头，一边摸一边观察风筝（幼儿行为）。在王老师邀请幼儿分享观察结果时，朵朵高高举起手，在被点到名字后，马上站了起来，说“我发现风筝是竹子架撑起来的”（行为结果）。

基于对评价方式的了解，教师对幼儿进行激励的方式主要在于坚持发展性评价的立场，即评价不是为了判定幼儿现有发展水平，而是为了调整或改进现有教师支持策略，从而支持幼儿从原有水平迈向“最近发展区”水平，从而达到改进幼儿园

① 王薇．实施发展性数学教育评价的策略和方式 [J]. 数学教育学报，2012，21（5）：10–14.
② 林崇德，杨治良，黄希庭．心理学大辞典 [M]. 上海：上海教育出版社，2004：223.
③ 李晓巍．幼儿行为观察与案例 [M]. 上海：华东师范大学出版社，2016：135.

教育活动设计的目的。

由此，幼儿发展性评价与激励需要基于教师在幼儿园教育活动过程中对幼儿典型行为表现的观察和定性与定量相结合的记录才能得以科学、有效地开展。对幼儿进行发展性评价与激励需要历经“设定水平层级—诊断现实行为—提供教师支持”三个步骤。具体来讲，设定水平层级指的是将幼儿发展的评测点进行典型行为表现的描述，并且将围绕该评测点的行为表现描述进行不同水平的表述，最佳状态是按照五个水平对幼儿进行评价，具体呈现以一级、三级和五级为主，便于观察者以一级、三级和五级的幼儿典型行为表现描述为参照对幼儿进行评价。在“分级”的过程中需要注意评价层级制定的适宜性，一级、三级、五级之间的跨度要一致，同时五级水平应该是大多数评价对象经过努力就能达到的高度，这样才能更好地调动幼儿的积极性，也才能充分发挥教育评价的激励作用。①一般来说，三个水平层级也是可行的。

诊断现实行为指的是教师基于对幼儿典型行为表现的观察和记录对幼儿的发展水平进行评定，即教师拿着对围绕评测点观察到的幼儿典型行为表现进行分级后的表格作为比照工具，看一看幼儿目前到底处于什么水平。所以要想做好诊断，教师就需要注重在教育活动过程中持续收集评价证据，留意幼儿在活动情境中丰富的行为表现。②重要的是，这里的“诊断”并不是对幼儿发展的最终判定，因为教育绝不是将幼儿分成三六九等，而是为下一步更好地支持幼儿发展奠定坚实基础。正如古语所言，“数子十过，不如奖子一长”（《颜元年谱》），幼儿对教师的评价十分敏感，所以诊断在某种程度上也要求教师能够全面了解幼儿，并且用赞扬代替“贴标签”或责备。

提供教师支持指的是教师在清晰地了解幼儿发展水平的基础上采取教育策略进而支持幼儿实现层级的跨越，即帮助幼儿向上跳一跳到能够得着的更高水平。例如，幼儿在学习品质的评测点“集中注意力”维度处于二级水平“做事情时会比较专注，但偶尔也免不了受到干扰”，教师要在了解幼儿现有水平层级的基础上采取相应的策略支持幼儿继续向更高层级“做事情时十分专注和投入，全神贯注于活动”发展。

总体来讲，对幼儿进行的发展性评价与激励是嵌入课程的，以幼儿园课程为载体，从活动目标出发，基于对幼儿发展的证据进行分析与反思，进而为促进幼儿的学习与发展对活动与教学作出调整，使得幼儿发展性评价与激励成为有效课程循环圈的一个重要环节③。

---

① 张洪梅．教师如何观察和评价幼儿[M]．长春：吉林大学出版社，2017：26.

② 高敬，张煜莹，曹筱一，等．嵌入课程的儿童发展评价[J]．幼儿教育，2017，724（12）：26–29.

③ 潘月娟，刘焱．托幼机构教育中的儿童发展评价[J]．幼儿教育，2009，439（5）：13–16.

【我来写一写】

初步学习与了解幼儿园教育活动中的幼儿行为观察与评价后，请你再次根据自己目前的理解，尝试完成以下内容的填写。

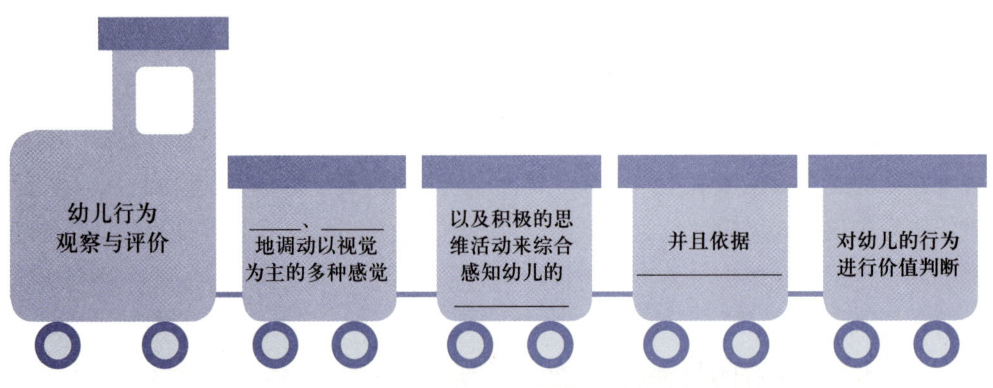

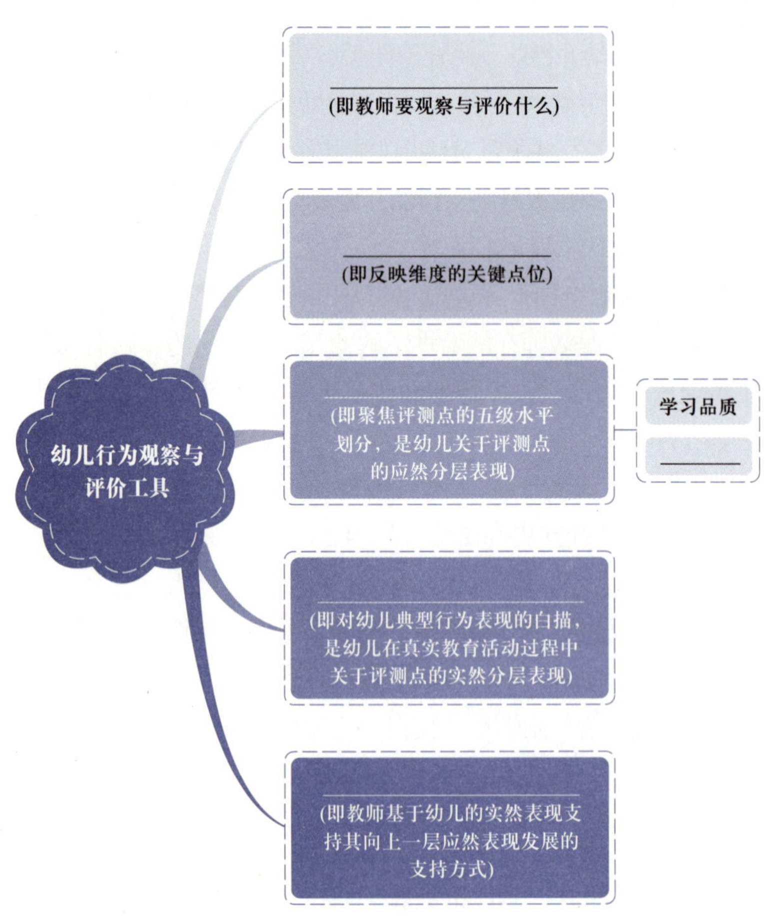

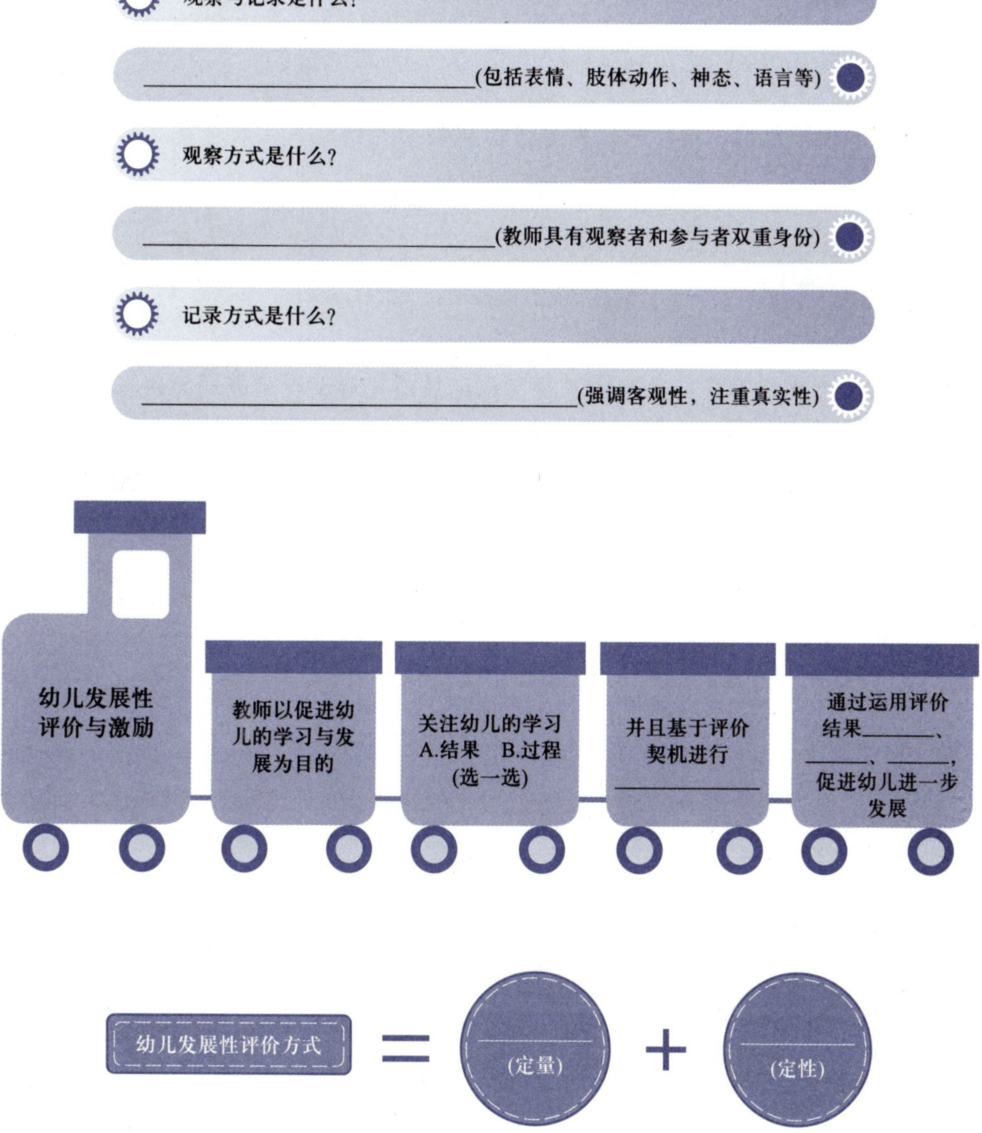

幼儿发展性评价方式 = ________(定量) + ________(定性)

【我来练一练】

1.根据幼儿园教育活动中幼儿行为观察与激励的要点，着重完善3份幼儿园教育活动方案中的活动评价表。

2.使用完善后的活动评价表，观察与记录幼儿在活动过程中的典型行为表现。

3.基于观察与记录的结果，对自己组织的幼儿园教育活动进行反思并提出改进设想。

【我来想一想】

1.本节内容是否帮助你解决了观察与记录幼儿典型行为表现并进行有效激励时遇到的全部问题呢？你还有什么其他问题需要解决的吗？

2.结合实践经验，你认为关于观察与记录幼儿典型行为表现、对幼儿进行发展性评价与激励、设计幼儿行为观察与评价工具还有什么需要补充的吗？

第二节　解决幼儿园教育活动中幼儿行为观察与评价的实际问题

【我来写一写】

请扫描二维码阅读幼儿园教育活动“我来学印刷”的活动一瞥，然后结合评量点在表 3–4 中描述幼儿的典型行为表现，并基于观察到的幼儿典型行为表现对其进行评价，思考引导幼儿发展的支持策略。

幼儿园教育活动“我来学印刷”活动一瞥

表 3–4　活动分析表

<table>
<tr><td>活动名称</td><td colspan="4">我来学印刷</td></tr>
<tr><td>评量点</td><td colspan="4">1. 参与—主动性—学习态度—学习品质
2. 观察与比较事物—具有初步的探究能力—科学探究—科学
3. 会用艺术的形式表现—具有初步的艺术表现与创造能力—表现与创造—艺术</td></tr>
<tr><td>观察者</td><td colspan="2"></td><td>观察对象</td><td></td></tr>
<tr><td>观察时间</td><td colspan="2"></td><td>观察班级</td><td></td></tr>
<tr><td rowspan="5">设定水平层级</td><td colspan="4">评测点</td></tr>
<tr><td>水平划分</td><td>1-2-3
参与</td><td>5-1-2a
观察与比较事物</td><td>6-2-2c
会用艺术的形式表现</td></tr>
<tr><td>水平一</td><td>不愿意或不积极参加活动</td><td>不喜欢观察事物</td><td>不会用绘画或用其他艺术形式表现</td></tr>
<tr><td>水平二</td><td>在成人的带领下能积极参加和投入活动</td><td>能对事物或现象进行观察、比较，发现其相同与不同</td><td>能运用绘画、手工制作等表现自己观察到或想象的事物</td></tr>
<tr><td>水平三</td><td>主动参与活动，在活动中表现出持续的兴致和热情</td><td>能通过观察、比较与分析，发现并描述不同种类物体的特征或某个事物前后的变化</td><td>能用自己制作的美术作品布置环境、美化生活</td></tr>
</table>

续表

诊断现实行为	轶事记录			
	水平	水平____	水平____	水平____
提供教师支持	基于幼儿现有水平层级，在活动过程中采取相应支持策略，以帮助幼儿实现从现有水平向“最近发展区”迈进			

一、幼儿园大班教育活动中的幼儿行为观察与评价案例式解析

（一）案例呈现

活动一瞥：

在教师用图画书《欢乐小镇的印章铺》引出印章海报之后，班里大部分幼儿都睁大了眼睛，前倾着身子期待看一看印章铺里各种各样的印章，只有小明歪着头，表情木然地看着桌子，与身边其他幼儿的兴奋状态格格不入，组织活动的教师也注意到了正在走神的小明。

在主动体验环节，教师拿出自制的印章分发给幼儿，邀请幼儿观察印面的特点。在发到小明所在的小组时，教师一边将印章放在桌子上，一边用鼓励的语气对小明说：“小明，你想不想做一个你最喜欢的恐龙印章？快看看，这个印章是什么样子的呀？”听完教师的话，小明开心地笑了，站起来凑近了印章。他先是把手拄在桌子上看，后来拿起来摸了摸，然后又拿起印章蘸了蘸颜料。在观察时间结束后，小明第一个高高地举起手想和大家分享观察的结果，在听到教师点他的名字时，他站起来面向大家说：“每个印章我都摸了，印章的面儿摸起来都是凹凹凸凸的。”

在深度探究环节，教师引导幼儿按照步骤图自己制作印章，小明反复和身边的同伴说：“我想做一个恐龙印章，我最喜欢恐龙了！”可是小明就是迟迟不开始行动。教师走近小明，俯下身子问：“你为什么还没开始做呀？”小明

皱着眉头，撅着嘴说："我不会画。"

评测点：

1. 参与—主动性—学习态度—学习品质（1–2–3）

2. 观察与比较事物—具有初步的探究能力—科学探究—科学（5–1–2a）

3. 会用艺术的形式表现—具有初步的艺术表现与创造能力—表现与创造—艺术（6–2–2c）

观察与测评工具见表 3–5。

表 3–5 幼儿园大班教育活动"我来学印刷"幼儿行为观察与评价工具

评测点	水平一	水平二	水平三	轶事记录	教师支持策略
1–2–3 参与	☑ 不愿意或不积极参加活动	□ 在成人的带领下能积极参加和投入活动	□ 主动参与活动，在活动中表现出持续的兴致和热情	在教师用图画书《欢乐小镇的印章铺》引出印章海报之后，班里大部分幼儿都睁大了眼睛，前倾着身子期待看一看印章铺里各种各样的印章。小明歪着头，表情木然地看着桌子，与身边其他幼儿的兴奋状态格格不入，组织活动的教师也注意到了正在走神的小明	教师通过语言激励的方式，以幼儿喜爱的恐龙为切入点，调动幼儿参与活动的积极性，如："小明，你想不想做一个你最喜欢的恐龙印章？快看看，这个印章是什么样子的呀？"
5–1–2a 观察与比较事物	□ 不喜欢观察事物	☑ 能对事物或现象进行观察、比较，发现其相同与不同	□ 能通过观察、比较与分析，发现并描述不同种类物体的特征或某个事物前后的变化	在主动体验环节，教师拿出自制的各种印章分发给幼儿，邀请幼儿观察印面的特点，在发到小明所在的小组时，教师一边将印章放在桌子上，一边用鼓励的语气对小明说："小明，你想不想做一个你最喜欢的恐龙印章？快看看，这个印章是什么样子的呀？" 听完教师的话，小明开心地笑了，站起来凑近了印章。他先是把手拄在桌子上看，后来拿起来摸了摸，然后又拿起印章蘸了蘸颜料。在观察时间结束后，小明第一个高高地举起手想和大家分享观察的结果，在听到教师点他的名字时，他站起来面向大家说："每个印章我都摸了，印章的面儿摸起来都是凹凹凸凸的。"	教师以语言方式引导，如："为什么印章的面会凹凹凸凸的？"以及引导幼儿进一步思考："凹的地方还是凸出的地方蘸上颜料可以印出颜色？"支持小明基于现有的观察比较能力进一步提升其分析能力

续表

评测点	水平一	水平二	水平三	轶事记录	教师支持策略
6-2-2c 会用艺术的形式表现	☑ 不会用绘画或用其他艺术形式表现	□ 能运用绘画、手工制作等表现自己观察到或想象的事物	□ 能用自己制作的美术作品布置环境、美化生活	在深度探究环节，教师引导幼儿按照步骤图自己制作印章，小明反复和身边的同伴说："我想做一个恐龙印章，我最喜欢恐龙了！"可是小明就是迟迟不开始行动。教师走近小明，俯下身子问："你为什么还没开始做呀？"小明皱着眉头，撅着嘴说："我不会画。"	教师采用图片支架和步骤示范等方式引导小明将自己观察到的事物用绘画或者手工制作等方式进行表现

教师分析：

基于小明的典型行为表现对其学习品质、科学领域以及艺术领域在本活动中的发展目标进行定级：

在学习品质方面，小明的参与度处于水平一，即"不愿意或不积极参加活动"。在后续的活动过程中，教师通过语言激励的方式，以幼儿喜爱的"恐龙"为切入点调动幼儿参与活动的积极性，可以发现小明"在成人的带领下能积极参加和投入活动"（水平二），即他开始仔细观察印章并且积极回答教师提出的问题。

在科学领域方面，小明表达："每个印章我都摸了，印章的面儿摸起来都是凹凹凸凸的。"教师发现小明充分观察了每一个印章，并且发现了它们的相同之处——都是凹凹凸凸的。由此可见，小明"观察与比较事物"的水平处于二级，即"能对事物或现象进行观察比较，发现其相同与不同"。进而，教师可以将"观察与比较事物"的三级水平作为目标，引导小明基于现有的观察与比较能力进一步提升其分析能力，思考"为什么印章的面会凹凹凸凸的？""凹的地方蘸上颜料可以印出颜色吗？"

在艺术领域方面，小明在活动中并没有将"用艺术的形式表现"落实到行动上，而是一直在用语言陈述"我想做一个恐龙印章"，同时他也说道"我不会画"，由此可见，小明在"会用艺术的形式表现"这一评测点的水平处于一级，即"不会用绘画或用其他艺术形式表现"，因此教师采用图片支架等方式支持幼儿向三级水平发展，也就是引导小明能够将自己观察到的事物用绘画或者手工制作等方式进行表现。

（二）实践 3.1.1：设计幼儿行为观察与评价工具

1. 工具解析

该活动的评价工具由评测点及其三级水平、轶事记录和教师支持策略构成，其中评测点对应活动目标，包括参与（学习品质）、观察与比较事物、会用艺术的形式表现（关键经验）共三个评测点。三级水平的具体描述是关于评测点的应然分层表现，便于教师以这三个水平的幼儿行为表现为基础参考，进行水平程度的勾选。

其中轶事记录一栏围绕三个评测点进行了焦点性记录。在评测点“参与”下，教师记录了观察对象小明“歪着头，表情木然地看着桌子，与身边其他幼儿的兴奋状态格格不入”的状态，充分地表现出小明不积极参加活动的样子。在评测点“观察与比较事物”下，教师记录了小明“他先是把手拄在桌子上看，后来拿起来摸了摸，然后又拿起印章蘸了蘸颜料”（动作），以及“每个印章我都摸了，印章的面儿摸起来都是凹凹凸凸的”（语言）。通过小明的话教师可以判断出小明充分观察了每一个印章，并且发现了它们的相同之处——都是凹凹凸凸的。在评测点“会用艺术的形式表现”下，教师记录了小明“反复和身边的同伴说：‘我想做一个恐龙印章，我最喜欢恐龙了！’”还有“迟迟不开始行动”，以及“皱着眉头，撅着嘴说：‘我不会画。’”的表情和语言，生动地表现出了小明在该活动中并没有将“用艺术的形式呈现”落实到行动上，而是一直在用语言陈述“我想做一个恐龙印章”。

基于上述的轶事记录，教师可以在工具中进行定级：“参与”处于一级，“观察与比较事物”处于二级，“会用艺术的形式表现”处于一级。教师支持策略一栏的设计便于教师在勾选幼儿目前处于的水平之后，思考运用何种策略引导幼儿发展。为了调动小明的“参与度”，教师通过语言激励的方式，以幼儿喜爱的恐龙为切入点调动幼儿参与活动的积极性。为了支持小明“观察与比较事物”的能力发展，教师用语言引导的方式，支持小明在现有的观察结果上进一步思考、比较与分析。为了培养小明“会用艺术的形式表现”的能力，教师灵活运用图片支架和步骤示范的方式，帮助小明勇敢地用自己喜欢的艺术形式进行表现。

2. 填写任务单

任务单 S3.1.1
思考如何设计幼儿行为观察与评价工具 1. 回顾关于幼儿行为观察与评价工具的设计要点，并思考如何撰写轶事记录。   2. 请你谈一谈如何为幼儿的行为水平定级。   3. 请你谈一谈你对等级水平的看法，以及如何基于定级提供相应的支持策略。

（三）实践 3.1.2：观察与记录幼儿典型行为表现

1. 案例解析

该案例是由三个段落组成的，分别对应活动的三个目标“参与、观察与比较事物、会用艺术的形式表现”，这就是教师需要观察与记录的要点。

“歪着头，表情木然地看着桌子”“开心地笑了”——这是幼儿的表情；

“他先是把手拄在桌子上看，后来拿起来摸了摸，然后又拿起印章蘸了蘸颜料”——这是幼儿的肢体动作。

“我不会画”——这是幼儿的语言。

2. 填写任务单

任务单 S3.1.2
观察与记录的幼儿典型行为表现 1. 回顾关于幼儿园教育活动过程中观察与记录幼儿的要点，你认为你的记录落实了对幼儿典型行为表现的观察吗？你是如何判断的？ 2. 结合你自己所记录的幼儿典型行为表现，你觉得案例解析中的幼儿典型行为表现描述对你的启发是什么？请写出三点，越具体越好。 3. 你将如何进一步调整、完善自己的幼儿观察与记录？请写出三种可操作的方法，越具体越好。

（四）实践 3.1.3：对幼儿进行发展性评价与激励

1. 案例解析

教师基于对幼儿“参与”“观察与比较事物”“会用艺术的形式表现”三个评测点的观察与记录，对幼儿行为进行了定级。教师在清晰了解幼儿现有层级表现的基础上，分别通过语言激励、语言引导、图片支架与步骤示范相结合的方式，支持幼儿实现层级的跨越。以评测点“参与”为例，幼儿目前处于一级的水平，教师以幼儿喜爱的“恐龙”为切入点，调动幼儿参与活动的积极性，从而使幼儿能向二级水平迈进，即在成人的带领下能积极参加和投入活动。

2. 填写任务单

任务单 S3.1.3
改进对幼儿的发展性评价与激励 1. 回顾关于对幼儿进行发展性评价与激励的要点，你认为“活动一瞥”中教师支持策略能够对幼儿进行发展性评价与激励吗？你是如何判断的？ 2. 你将如何在幼儿园教育活动中对幼儿进行发展性评价与激励？请写出三种可操作的方法，越具体越好。 3. 你觉得教师应该如何支持幼儿？请写出三条支持策略，越具体越好。

二、幼儿园中班教育活动中的幼儿行为观察与评价案例式解析

（一）案例呈现

活动一瞥：

张老师通过图画书《地球上的沉与浮》引出蚂蚁在过河的过程中遇到了困难，需要小朋友们从给出的多种材料中选择一个材料来帮助蚂蚁过河。张老师带领幼儿一起辨识实验材料，一个一个地指着托盘上的材料，请幼儿逐个说出名称。乐乐只是仰着头看着张老师和同伴，没有跟随张老师和同伴一起说。

张老师拿着积木做出准备放到水中的姿势，歪着头，皱着眉，脸上露出疑惑的表情，问道："积木放到水里会浮起来还是沉下去呢？"有的幼儿站起来喊道："沉下去！"有的幼儿略带疑惑地小声说道："浮上来。"乐乐看着张老师默不作声，等着看张老师松手，他观察到积木沉了下去。在后面小组的探究活动中，乐乐率先拿起了石头，脸上露出笑容，兴奋地说："我知道！这个肯定沉下去，和刚才的积木一样！"

当同组的伙伴都在记录单上用图画或者符号进行记录时，乐乐先是拿起笔准备画上乒乓球放在水中是浮是沉的猜测，但是他拔开笔帽后，看着记录单，歪着头，转动着手腕，过了一会儿，他直接放下了笔，不再理会记录单，直接将乒乓球放入了水中。

评测点：

1. 参与—主动性—学习态度—学习品质（1–2–3）
2. 猜测和验证—具有初步的探究能力—科学探究—科学（5–1–2b）
3. 用图画和符号进行表达—具有书面表达的愿望和初步技能—阅读与书写准备—语言（3–2–3a）

观察与测评工具见表 3–6。

表 3–6　幼儿园中班教育活动"有趣的沉浮实验"幼儿行为观察与评价工具

评测点	水平一	水平二	水平三	轶事记录	教师支持策略
1–2–3 参与	□不愿意或不积极参加活动	□在成人的带领下能积极参加和投入活动	□主动参与活动，在活动中表现出持续的兴致和热情	张老师通过图画书《地球上的沉与浮》引出蚂蚁在过河的过程中遇到了困难，需要小朋友们从给出的多种材料中选择一个材料来帮助蚂蚁过河。张老师带领幼儿一起辨识实验材料，一个一个地指着托盘上的材料，请幼儿逐个说出名称。乐乐只是仰着头看着张老师和同伴，没有跟随张老师和同伴一起说	教师可以通过调整活动设计来适合各类发展水平的幼儿。教师可以为材料的登场营造神秘的氛围，用布盖住材料，让幼儿猜一猜托盘上都有什么材料，以一种未知感来调动幼儿的好奇心和参与感

续表

评测点	水平一	水平二	水平三	轶事记录	教师支持策略
5-1-2b 猜测和验证	☐ 不会猜测问题的答案	☑ 能根据观察结果大胆猜测答案	☐ 能用一定的方法验证自己的猜测	张老师拿着积木做出准备放到水中的姿势，歪着头，皱着眉，脸上露出疑惑的表情，问道："积木放到水里会浮起来还是沉下去呢？"有的幼儿站起来喊道："沉下去！"有的幼儿略带疑惑地小声说道："浮上来。"乐乐看着张老师默不作声，等着看张老师松手，他观察到积木沉了下去。在后面小组的探究活动中，乐乐率先拿起了石头，脸上露出笑容，兴奋地说："我知道！这个肯定沉下去，和刚才的积木一样！"	乐乐依托观察经验特别笃定地说出了答案，没有猜想与验证的意识。教师可以引导幼儿进行"猜想—验证"的探究
3-2-3a 用图画和符号进行表达	☑ 不会用图画和符号表达一定的意思	☐ 愿意用图画和符号表达自己的愿望和想法	☐ 愿意用图画和符号表现事物或故事	当同组的伙伴都在记录单上用图画或者符号进行记录时，乐乐先是拿起笔准备画上乒乓球放在水中是浮是沉的猜测，但是他拔开笔帽后，看着记录单，歪着头，转动着手腕，过了一会儿，他直接放下了笔，不再理会记录单，直接将乒乓球放入了水中	教师可以为幼儿提供一定的图画和符号示例，供幼儿临摹使用，帮助幼儿产生进行记录的愿望

教师分析：

基于乐乐的典型行为表现，对其学习品质、科学领域以及语言领域在活动中的发展目标进行定级：

在学习品质维度，乐乐的"参与"处于一级和二级水平之间，即处于"不愿意或不积极参加活动"（一级水平）、"和在成人的带领下能积极参加和投入活动"（二级水平）中间的水平，因为乐乐虽然没有表现得很积极地跟着教师一起说材料的名字，但是一直仰着头用目光跟随着教师，因此处于不愿意和积极之间。教师通过调整活动设计以适合各类发展水平的幼儿，为材料的登场营造神秘的氛围，用布盖住材料，让幼儿猜一猜托盘上都有什么材料，以一种未知感来调动幼儿的好奇心和参与感。

在科学领域方面，乐乐一开始在教师准备将积木放入水中的时候，没有进行猜测，而是默默观察着；在看到积木沉入水中后，他在自己选择材料进行猜测与验证的环节，立马就选择了和积木一样都是重物的石头，并且脸上露出笑容，兴奋地说："我知道！这个肯定沉下去，和刚才的积木一样！"通过乐乐的语言和表现可以看出他"猜测和验证"的水平处于二级，即"能根据观察结果大胆猜测答案"。进而，教师可以将"猜测和验证"的三级水平作为目标，引导幼儿进行"猜想—验证"的探究。

在语言领域方面，乐乐先是拿起笔准备画上乒乓球放在水中是浮是沉的猜测，但是他拔开笔帽后，看着记录单，歪着头，转动着手腕，过一会儿，他直接放下了笔，不再理会记录单，直接将乒乓球放入了水中。由此可见，乐乐在"用图画和符号进行表达"这一评测点上处于一级水平，即"不会用图画和符号表达一定的意思"，因此教师为幼儿提供一定的图画和符号示例，供幼儿临摹使用，帮助幼儿产生进行记录的愿望。

（二）实践 3.2.1：设计幼儿行为观察与评价工具

1. 工具解析

活动"有趣的沉浮实验"的评价工具由评测点及其五级水平、轶事记录和教师支持策略构成，其中评测点对应活动目标，包括参与（学习品质）以及猜测和验证、用图画和符号进行表达（关键经验）共三个评测点。三级水平的具体描述是关于评测点的应然分层表现，便于教师以这三个水平的幼儿行为表现为基础参考，进行水平程度的勾选。

其中轶事记录一栏围绕三个评测点进行了焦点性记录。如在评测点"用图画和符号进行表达"下，教师记录了观察对象乐乐"拿起笔准备画上乒乓球放在水中是浮是沉的猜测，但是他拔开笔帽后，看着记录单，歪着头，转动着手腕"的动作，充分表现了乐乐想要画但是不会画的状态，把"不会"的状态描述得很清晰。

基于上述的轶事记录，教师可以在工具中参照应然分层表现进行定级，乐乐在三个评测点中的行为水平分别为："参与"处于一级和二级之间，"猜测和验证"处于二级，"用图画和符号进行表达"处于一级。教师支持策略一栏的设计便于教师在勾选幼儿目前处于的水平之后，思考运用何种策略来引导幼儿发展。如为了帮助乐乐掌握"用图画和符号进行表达"的技能，教师提供图片，给予幼儿可临摹的支持，鼓励幼儿用图画和符号进行表达。

2. 填写任务单

任务单 S3.2.1
思考如何设计幼儿行为观察与评价工具 1. 回顾关于幼儿行为观察与评价工具的设计要点，并思考如何撰写轶事记录。   2. 请你谈一谈如何为幼儿的行为水平定级。   3. 请你谈一谈你对等级水平的看法，以及如何基于定级提供相应的支持策略。

（三）实践 3.2.2：观察与记录幼儿典型行为表现

1. 案例解析

该案例是由三个段落组成的，分别对应的是活动“有趣的沉浮实验”的三个活动目标“参与、猜测和验证、用图画和符号进行表达”。这就是教师需要观察与记录的要点。

“歪着头，皱着眉，脸上露出疑惑的表情”“脸上露出笑容”——这是幼儿的表情。

“先是拿起笔准备画上乒乓球放在水中是浮是沉的猜测，但是他拔开笔帽后，看着记录单，歪着头，转动着手腕”——这是幼儿的肢体动作。

“我知道！这个肯定沉下去，和刚才的积木一样！”——这是幼儿的语言。

2. 填写任务单

任务单 S3.2.2
完善观察与记录的幼儿典型行为表现 1. 回顾关于幼儿园教育活动过程中观察与记录幼儿的要点，你认为你的记录落实了对幼儿典型行为表现的观察吗？你是如何判断的？ 2. 你觉得案例解析中的典型行为表现描述对你的启发是什么？请写出三点，越具体越好。 3. 你将如何进一步调整、完善自己的幼儿观察与记录？请写出三种可操作的方法，越具体越好。

（四）实践 3.2.3：对幼儿进行发展性评价与激励

1. 案例解析

教师基于对幼儿“参与”“猜测和验证”“用图画和符号进行表达”三个评测点的观察与记录，参照分级对幼儿行为进行了定级。教师在清晰了解幼儿现有层级表现的基础上，分别通过富有神秘感的活动设计、借助材料支撑、提供材料示例的方式，支持幼儿实现层级的跨越。以评测点“参与”为例，幼儿目前处于一级和二级之间的水平，教师可以为材料的登场营造具有神秘感的氛围，用布盖住材料，让幼儿猜一猜托盘上都有什么材料，以一种未知感来调动幼儿的参与性和积极性，从而向二级甚至是更高层级跃动。

2. 填写任务单

任务单 S3.2.3
改进对幼儿的发展性评价与激励 1. 回顾关于对幼儿进行发展性评价与激励的要点，你认为“活动一瞥”中的教师支持策略能够对幼儿进行发展性评价与激励吗？你是如何判断的？ 2. 你将如何在幼儿园教育活动中对幼儿进行发展性评价与激励？请写出三种可操作的方法，越具体越好。 3. 你觉得教师应该如何支持幼儿？请写出三个支持策略，越具体越好。

三、幼儿园小班教育活动中的幼儿行为观察与评价案例式解析

（一）案例呈现

活动一瞥：

李老师满脸好奇地播放图画书关键页面的PPT，说："咦，这是什么？"这时班里大部分幼儿都停止了和同伴的交谈，睁大眼睛看向屏幕。刚走出盥洗室的瑞瑞听到李老师的声音，也加快了脚步，小跑着回到了自己的座位。瑞瑞坐在自己的座位上后，俯身低头摆弄着鞋子上的魔力贴。李老师左看看、右看看，做出恍然大悟的样子，说道："哦，原来是一个'洞'呀！"听到李老师的这句话，瑞瑞才慢慢直起身子，呆呆地看向屏幕。

李老师给每个幼儿分发了"五官洞洞"拼贴板，随后说："小朋友们，请你们找一找头上的眼睛洞、耳朵洞、嘴巴洞、鼻子洞，然后选择你喜欢的眼睛、耳朵、嘴巴、鼻子的样子，拼一拼，贴一贴吧！"只见瑞瑞拿着拼贴板，摸摸这儿，看看那儿，然后就把拼贴板放在桌子上不管了。他转头看向正在选择眼睛贴画的多多，看了一会儿后，就用胳膊肘撑着桌子，脚尖点着地来回晃动，又看向了对面的轩轩。

在大部分幼儿拼好"五官洞洞"板后，李老师请小朋友分享自己拼的娃娃脸长什么样子，和自己长得有什么不一样。瑞瑞看了看自己拼好的娃娃脸，再看了看镜子里的自己，高高举起手。李老师伸手请瑞瑞起立回答，瑞瑞声音洪亮地说："我的眼睛是笑眯眯的，娃娃的眼睛是大大的。"说完面带得意的表情坐下了。

评测点：

1. 敏感—好奇心—学习态度—学习品质（1–1–1）
2. 喜欢摆弄和探索—亲近自然，喜欢探究—科学探究—科学（5–1–1c）
3. 自我认识—具有自尊、自信、自主的表现—人际交往—社会（4–1–3b）

观察与测评工具见表 3–7。

表 3–7 幼儿园小班教育活动“我身上的‘洞洞’”幼儿行为观察与评价工具

评测点	水平一	水平二	水平三	轶事记录	教师支持策略
1–1–1 敏感	□不能发现环境中的新变化	☑能发现环境中的一般变化	□能迅速发现环境中的细微变化，往往伴有积极的情绪	李老师满脸好奇地播放图画书关键页面的PPT，说：“咦，这是什么？”这时班里大部分幼儿都停止了和同伴的交谈，睁大眼睛看向屏幕。刚刚走出盥洗室的瑞瑞听到李老师的声音，也加快了脚步，小跑着回到了自己的座位。瑞瑞坐在自己的座位上后，俯身低头摆弄着鞋子上的魔力贴。李老师左看看、右看看，做出恍然大悟的样子，说道：“哦，原来是一个‘洞’呀！”听到李老师的这句话，瑞瑞才慢慢直起身子，呆呆地看向电脑屏幕	教师将图画书中的洞洞图片打印出来，这样便于拿着图片材料与全体幼儿进行互动，比如教师把图片背对着幼儿，这样纸上可以透出一点图片的样子，教师这样拿着图片走着，路过每一名幼儿，边走边面露神秘表情，说：“你们猜猜看，这是什么呢？”借助实物拉近与全体幼儿的距离，便于尽可能充分地吸引幼儿的注意力，以调动幼儿的积极情绪
5–1–1c 喜欢摆弄和探索	☑不喜欢摆弄物品	□常常动手动脑探索物体和材料，并乐在其中	□能经常动手动脑寻找问题的答案，探索中有所发现时感到兴奋和满足	李老师给每个幼儿分发了“五官洞洞”拼贴板，随后说道：“小朋友们，请你们找一找头上的眼睛洞、耳朵洞、嘴巴洞、鼻子洞，然后选择你喜欢的眼睛、耳朵、嘴巴、鼻子的样子，拼一拼，贴一贴吧！”只见瑞瑞拿着拼贴板，摸摸这儿，看看那儿，然后就把拼贴板放在桌子上不管了。他转头看向正在选择眼睛贴画的多多，看了一会儿后，就用胳膊肘撑着桌子，脚尖点着地来回晃动，又看向了对面的轩轩	教师以语言引导的方式了解幼儿的想法，比如“瑞瑞，你的‘五官洞洞’拼贴板完成了吗？为什么没有贴呢？是这里没有你喜欢的眼睛/耳朵/鼻子的样子吗？”在充分听了瑞瑞的表达后，教师再有针对性地逐步引导瑞瑞动手操作。如瑞瑞说不知道怎么贴，教师将图画书的关键页面给瑞瑞看，或是为瑞瑞提供一面小镜子，让他照着自己的样子贴
4–1–3b 自我认识	□不知道自己的优点和长处	☑知道自己的一些优点和长处，并对此感到满意	□知道自己的优点和长处，并且还想做得更好	在大部分幼儿拼好“五官洞洞”板后，李老师请小朋友分享自己拼的娃娃脸长什么样子，和自己长得有什么不一样。瑞瑞看了看自己拼好的娃娃脸，再看了看镜子里的自己，高高举起手。李老师伸手请瑞瑞起立回答，瑞瑞声音洪亮地说：“我的眼睛是笑眯眯的，娃娃的眼睛是大大的。”说完面带得意的表情坐下了	瑞瑞只说了眼睛的样子，教师可以鼓励瑞瑞回家后和家长说一说自己五官的样子，并且引导瑞瑞进一步知道我们每个人的脸长得都不一样，每个人都是独一无二的，要喜欢自己，并且要在日常生活中保护好自己的五官

教师分析：

基于瑞瑞的典型行为表现对其学习品质、科学领域以及社会领域在这次活动中的发展目标进行定级：

在学习品质维度，瑞瑞的“敏感度”处于二级水平，即“能发现环境中的一般变化”，教师将图画书中的洞洞图片打印出来，这样便于拿着图片材料与全体幼儿进行互动，比如教师把图片背对着幼儿，这样纸上可以透出一点图片的样子，教师这样拿着图片走着，路过每一名幼儿，边走边面露神秘表情，说：“你们猜猜看，这是什么呢？”借助实物拉近与全体幼儿的距离，便于尽可能充分地吸引幼儿的注意力，以调动幼儿的积极情绪。

在科学领域方面，瑞瑞只是简单地摆弄了几下，就无所事事地左看看、右看看，通过瑞瑞的动作可以看出他“喜欢摆弄和探索”的水平处于一级，即“不喜欢摆弄物品”。进而，教师以“喜欢摆弄和探索”的二级水平作为目标，引导瑞瑞动手操作起来，以语言引导的方式了解瑞瑞的想法，在充分听了瑞瑞的表达后，教师再有针对性地逐步引导瑞瑞动手操作。如瑞瑞表达是因为不知道怎么贴，教师可以将图画书的关键页面给瑞瑞看，或是为瑞瑞提供一面小镜子，让他照着自己的样子贴。

在社会领域方面，瑞瑞善于发现自己的优点，在老师提问之后积极举手回答问题，并且在回答结束后面带得意的表情坐下来，可见他对自己的回答很满意。由此可见，瑞瑞在“自我认识”这一评测点的水平处于二级，即“知道自己的一些优点和长处，并对此感到满意”，因此教师采用活动延伸的方式，支持幼儿向三级水平发展，也就是引导瑞瑞全面地介绍自己的长相，对自己的长相有信心，知道自己是独一无二的，并且要好好保护自己的五官。

（二）实践 3.3.1：设计幼儿行为观察与评价工具

1. 工具解析

“我身上的‘洞洞’”活动的评价工具由评测点及其五级水平、轶事记录和教师支持策略构成，其中评测点对应活动目标，包括敏感（学习品质）以及喜欢摆弄和探索、自我认识（关键经验）共三个评测点。三级水平的具体描述是关于评测点的应然分层表现，便于教师以这三个水平的幼儿行为表现为基础参考，进行水平程度的勾选。

其中轶事记录一栏围绕三个评测点进行了焦点性记录。如在评测点“喜欢摆弄和探索”下，教师记录了观察对象瑞瑞“拿着拼贴板，摸摸这儿，看看那儿，然后就把拼贴板放在桌子上不管了”的动作，以及“转头看向了正在选择眼睛贴画的多多，看了一会儿后，就用胳膊肘撑着桌子，脚尖点着地来回晃动，又看向了对面的轩轩”，充分表现了瑞瑞不喜欢摆弄材料而百无聊赖的样子。

基于上述的轶事记录，教师可以在工具中参照应然分层表现进行定级，瑞瑞的三个评测点的行为水平分别为：“敏感”处于二级水平，“喜欢摆弄和探索”处于一级水平，“自我认识”处于二级水平。教师支持策略一栏的设计便于教师在勾选幼儿目前处于的水平之后，思考运用何种策略来引导幼儿发展。如为了调动瑞瑞的“喜欢摆弄和探索”的意愿，教师可以用活动延伸的方式给予支持，如延伸到家庭教育或与现有主题有关的新主题上，从而帮助瑞瑞进一步提升。

2. 填写任务单

任务单 S3.3.1
思考如何设计幼儿行为观察与评价工具 1. 回顾关于幼儿行为观察与评价工具的设计要点，并思考如何撰写轶事记录。   2. 请你谈一谈如何为幼儿的行为进行水平定级。   3. 请你谈一谈你对等级水平的看法，以及如何基于定级提供相应的支持策略。

（三）实践 3.3.2：观察与记录幼儿典型行为表现

1. 案例解析

该案例是由三个段落组成的，分别对应的是活动“我身上的‘洞洞’”的三个目标“敏感、喜欢摆弄和探索、自我认识”。这就是教师需要观察与记录的要点。

“呆呆地看向电脑屏幕”“面带得意的表情坐下了”——这是幼儿的表情。

“他用胳膊肘撑着桌子，脚尖点着地来回晃动”——这是幼儿的肢体动作。

“我的眼睛是笑眯眯的，娃娃的眼睛是大大的。”——这是幼儿的语言。

2. 填写任务单

任务单 S3.3.2
完善观察与记录的幼儿典型行为表现 1. 回顾关于幼儿园教育活动过程中观察与记录幼儿的要点，你认为你的记录落实了对幼儿典型行为表现的观察吗？你是如何判断的？ 2. 你觉得案例解析中的典型行为表现描述对你的启发是什么？请写出三点，越具体越好。 3. 你将如何进一步调整、完善自己的幼儿观察与记录？请写出三种可操作的方法，越具体越好。

（四）实践 3.3.3：对幼儿进行发展性评价与激励

1. 案例解析

教师基于对幼儿“敏感”“喜欢摆弄和探索”“自我认识”三个评测点的观察与记录，参照分级对幼儿行为进行了定级。教师在清晰了解幼儿现有层级表现的基础上，分别通过实物材料支持、语言引导、活动延伸的方式，支持幼儿实现层级的跨越。以评测点“敏感”为例，幼儿目前处于二级水平，教师用打印出的图片调动幼儿观察的欲望，从而使幼儿能向三级水平迈进，即“能迅速发现环境中的细微变化，往往伴有积极的情绪”。

2. 填写任务单

任务单 S3.3.3
改进对幼儿的发展性评价与激励 1. 回顾关于对幼儿进行发展性评价与激励的要点，你认为“活动一瞥”中的教师支持策略能够对幼儿进行发展性评价与激励吗？你是如何判断的？ 2. 你将如何在幼儿园教育活动中对幼儿进行发展性评价与激励？请写出三种可操作的方法，越具体越好。 3. 你觉得教师应该如何支持幼儿？请写出三个支持策略，越具体越好。

【我来写一写】

请回顾幼儿园教育活动“我来学印刷”的活动一瞥，并结合评量点在表 3–8 中描述一下幼儿的典型行为表现，并对幼儿进行评价，思考引导幼儿发展的支持策略。

表 3–8 活动分析表

<table>
<tr><td>活动名称</td><td colspan="4">我来学印刷</td></tr>
<tr><td>活动目标</td><td colspan="4">1. 参与—主动性—学习态度—学习品质
2. 观察与比较事物—具有初步的探究能力—科学探究—科学
3. 会用艺术的形式表现—具有初步的艺术表现与创造能力—表现与创造—艺术</td></tr>
<tr><td>观察者</td><td colspan="2"></td><td>观察对象</td><td></td></tr>
<tr><td>观察时间</td><td colspan="2"></td><td>观察班级</td><td></td></tr>
<tr><td rowspan="5">设定水平层级</td><td colspan="4">评测点</td></tr>
<tr><td>水平划分</td><td>1–2–3
参与</td><td>5–1–2a
观察与比较事物</td><td>6–2–2c
会用艺术的形式表现</td></tr>
<tr><td>水平一</td><td>不愿意或不积极参加活动</td><td>不喜欢观察事物</td><td>不会用绘画或用其他艺术形式表现</td></tr>
<tr><td>水平二</td><td>在成人的带领下能积极参加和投入活动</td><td>能对事物或现象进行观察、比较，发现其相同与不同</td><td>能运用绘画、手工制作等表现自己观察到或想象的事物</td></tr>
<tr><td>水平三</td><td>主动参与活动，在活动中表现出持续的兴致和热情</td><td>能通过观察、比较与分析，发现并描述不同种类物体的特征或某个事物前后的变化</td><td>能用自己制作的美术作品布置环境、美化生活</td></tr>
<tr><td rowspan="2">诊断现实行为</td><td>轶事记录</td><td></td><td></td><td></td></tr>
<tr><td>水平</td><td>水平 ____</td><td>水平 ____</td><td>水平 ____</td></tr>
<tr><td>提供教师支持</td><td>基于幼儿现有水平层级，在活动过程中采取相应支持策略，以帮助幼儿实现从现有水平向“最近发展区”迈进</td><td></td><td></td><td></td></tr>
</table>

【我来练一练】

1. 根据本节的学习与实践，着重完善 3 份幼儿园教育活动方案中的活动评价表。

2. 使用完善后的活动评价表，观察与记录幼儿在活动过程中的典型行为表现。

3. 基于观察与记录的结果，对自己组织的幼儿园教育活动进行反思并再次提出改进设想。

【我来想一想】

1. 本节案例是否为你进一步明晰如何观察与记录幼儿的典型行为表现并且进行有效激励提供了一定的参考价值？你理想中的参考案例应该是什么样的？

2. 你认为本节案例还有哪些地方需要调整和修改？

第三节 反思自身是否能够做好幼儿园教育活动中的幼儿行为观察与评价

【我来写一写】

请你根据自己对幼儿园教育活动中幼儿行为观察与评价的理解，尝试完成以下内容的填写。

一、反思并完善幼儿行为观察与评价工具的设计

在学习了幼儿行为观察与评价工具的相关内容，并切实感受了三个幼儿园教育活动中依托幼儿行为观察与评价工具对幼儿进行有效评价与激励后，请以小组为单位或与你身边一同学习的伙伴围绕以下要点展开讨论并进行记录。

任务单 F3.1.1	
讨论要点	反思记录
1. 你觉得幼儿行为观察与评价工具对有效评价与激励幼儿具有哪些意义？请结合自己的实际运用情况举例说明	
2. 教师在运用幼儿行为观察与评价工具时需要注意哪些事项？	
3. 在设计幼儿行为观察与评价工具时，哪个部分让你感觉最有难度？你认为可以如何解决？	

二、反思并完善幼儿典型行为表现的观察与记录

请以小组为单位或与你身边一同学习的伙伴围绕以下要点展开讨论并进行记录。

任务单 F3.2.1	
讨论要点	反思记录
1. 你觉得观察与记录幼儿典型行为表现对有效评价与激励幼儿具有哪些意义？	
2. 教师在观察幼儿典型行为表现时，需要从哪些维度进行观察与记录？	
3. 你的记录是否涵盖了所有活动目标？你是如何体现的？	

三、反思并完善对幼儿的发展性评价与激励

在学习了幼儿发展性评价与激励的相关内容，并切实感受了三个幼儿园教育活动中依托幼儿行为观察与评价工具对幼儿进行有效评价与激励后，请以小组为单位或与你身边一同学习的伙伴围绕以下要点展开讨论并进行记录。

任务单 F3.3.1	
讨论要点	反思记录
1. 你觉得对幼儿进行发展性评价与激励具有哪些意义？	
2. 教师在对幼儿进行发展性评价与激励时，需要遵循哪些步骤？	
3. 在对幼儿进行发展性评价与激励时，你是如何给出支持策略的？	

【我来写一写】

请你根据自己对幼儿园教育活动中幼儿行为观察与评价的理解，再次尝试完成以下内容的填写。

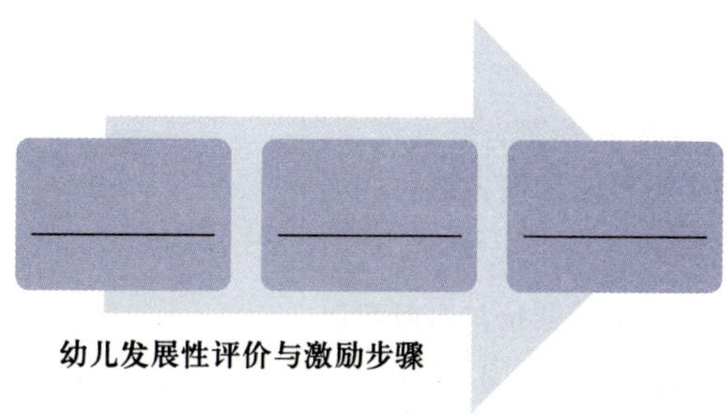

【我来练一练】

1. 根据幼儿园教育活动中观察与评价的反思要点，着重完善幼儿园教育活动方案中的活动评价工具。

2. 用上述活动评价工具，观察与记录幼儿在幼儿园教育活动过程中的典型行为表现。

3. 基于观察与记录的结果，对自己组织的幼儿园教育活动能够进行有效反思并提出改进设想。

【我来想一想】

1. 本节要点是否为你提供了反思幼儿园教育活动中观察与评价的重点内容？

2. 你认为本节要点和反思记录还可以怎样调整和完善？

【再选一选】

学习完本章内容后，请你再次在不借助任何参考资料的情况下，独立判断自己对观察与记录幼儿典型行为表现并有效激励的理论知识的理解，并在表 3–9 相应的方框内画√。

表 3–9　教师自评表

编号	题　项	不符合	不太符合	一般	比较符合	非常符合
1	我认为在活动过程中观察与记录的最主要的内容是幼儿的典型行为表现					
2	我认为在活动过程中观察与记录幼儿的维度包括学习品质与关键经验					
3	我认为在活动中需要按照一定的点位和内容来有逻辑地观察与记录幼儿的典型行为表现					
4	我认为《3～6 岁儿童学习与发展指南》是我观察幼儿在关键经验维度典型行为表现的重要依据					
5	我认为对幼儿的发展性评价与激励可以在观察与记录幼儿典型行为表现之前进行					

续表

编号	题 项	不符合	不太符合	一般	比较符合	非常符合
6	我知道对幼儿进行发展性评价与激励的三个步骤					
7	我认为对幼儿进行发展性评价与激励重要的是最终判定幼儿处于哪个发展层级					
8	我认为幼儿行为观察与评价工具的设计是促进幼儿学习与发展的重要举措					
9	我认为幼儿行为观察与评价工具的设计和观察与记录幼儿典型行为表现的要点和内容有密切联系					
10	我认为幼儿行为观察与评价表应当按照层级逐级清晰设计					

【总结与应用】

一、我们分享的信息

在活动过程中基于真实情境的观察与记录是有效评价与激励幼儿的核心。

融入课程的幼儿行为观察与评价工具可以为幼儿园教师提供一个结构化的观察与评价框架，让教师在真实的教学情境中了解幼儿的活动状态和发展水平，以便更好地调整与推动教育活动的开展。

幼儿行为观察与评价工具聚焦以幼儿学习与发展为核心的目标达成，包括维度、评测点、评量表、轶事记录、教师支持策略五大内容。

在幼儿园教育活动过程中观察与记录的幼儿典型行为表现是聚焦显性活动目标的，评价工具包括学习品质和关键经验两个评价维度。

幼儿发展性评价与激励需要基于在活动过程中对幼儿典型行为表现进行观察和定性与定量相结合的记录才能得以科学、有效开展。

对幼儿进行发展性评价的方式是等级评定法与轶事记录法相结合的形式，教师对幼儿进行激励的方式主要在于坚持发展性评价的立场。

对幼儿进行发展性评价与激励需要历经“设定水平层级—诊断现实行为—提供教师支持”三个步骤。

二、你怎样去行动

认识到进行幼儿发展性评价前需要在真实的教学情境中对幼儿的典型行为表现进行观察与记录。

熟悉幼儿行为观察与评价工具的五大内容，并能围绕显性活动目标的两大维度及其具体内容对幼儿的典型行为表现进行有指向性的观察与记录。

理解幼儿典型行为表现的观察与记录对幼儿的发展性评价与激励发挥着重要的奠基性作用。

坚持发展性评价的立场，运用等级评定法和轶事记录法作为评价与激励幼儿的支撑性方式。

掌握“设定水平层级—诊断现实行为—提供教师支持”的发展性评价与激励的三个步骤。

三、你的园所将会获得怎样的收益

收获幼儿园教育活动中幼儿典型行为表现的观察记录集。

收获匹配幼儿园教育活动开展的幼儿行为观察与评价工具集。

提升教师队伍有关幼儿行为观察与评价的岗位胜任力。

提升包含课程领导力和基于课程领导力的教师领导力在内的园长领导力。

【拓展阅读】

[1] 麦卡菲，梁，博德罗瓦 . 怎样评价幼儿才有效：评价和指导幼儿发展与学习的策略：第 6 版 [M]. 李冰伊，霍力岩，译 . 北京：中国轻工业出版社，2020.

在熟悉的课堂环境中完成的真实性评价是幼儿教育项目中教与学的核心。该书重点强调真情境、真内容（关键领域）、真过程中的真评价。作者对“为何评价—评价什么—何时评价—收集和记录信息—汇编并总结信息—解释信息—使用信息”等评价流程和环节的详细阐述，能够全面且细致地指导幼儿园教师对幼儿的评价工作。附录部分列出了幼儿学习与发展关键领域的重要内容，其中的“发展连续体”和“红旗项”能够促使幼儿园教师明晰评价指标，更加科学有效地评价幼儿。

[2] 玛丽昂 . 观察：读懂与回应儿童 [M]. 刘昊，张娜，罗丽，译 . 北京：中国轻工业出版社，2021.

观察与评价儿童是幼儿园教师的基本专业能力，也是幼儿园教师自我反思、自我成长的重要途径。只有全面观察、科学真实地评价儿童，了解儿童的已有经验、当前兴趣和发展需求，才能寻找到儿童学习和发展的下一步，并做出适宜的回应。

该书结合一线教师的具体观察案例，详细回答了以下四个问题：为什么观察，即观察的价值、注意事项和道德规范问题；如何观察，即观察的多元方法，以及观察报告的撰写和儿童成长档案袋的整理；观察什么，即如何观察与分析儿童的行为及认知、动作、社会性和情绪的发展；如何应用观察，即如何把观察信息应用于教学和一日生活，促进儿童发展，做反思型教师。

附录

一、幼儿园教育活动中幼儿行为观察与评价的评测点及评量表

幼儿园教育活动中的幼儿行为观察与评价的维度主要包括学习品质和五大领域，接下来我们将呈现的是各维度下的评测点及评量表，供幼儿园新入职教师参考使用。教师可以在活动中灵活运用这些评量表，还可以根据本班幼儿实际情况将其拓展至五级水平。

（一）学习品质评测点及评量表

1-1-1 敏感—好奇心—学习态度—学习品质

1-1-2 关注未知—好奇心—学习态度—学习品质

1-1-3 好问—好奇心—学习态度—学习品质

1-1-4 喜欢摆弄—好奇心—学习态度—学习品质

1-2-1 作出选择和计划—主动性—学习行为—学习品质

1-2-2 问题解决—主动性—学习行为—学习品质

1-2-3 参与—主动性—学习行为—学习品质

1-2-4 合理冒险—主动性—学习行为—学习品质

1-3-1 集中注意力—坚持性—学习行为—学习品质

1-3-2 对困难任务的坚持—坚持性—学习行为—学习品质

1-3-3 目标坚持—坚持性—学习行为—学习品质

1-3-4 坚持完成任务—坚持性—学习行为—学习品质

1-4-1 助人—合作性—学习行为—学习品质

1-4-2 交往—合作性—学习行为—学习品质

1-4-3 协同—合作性—学习行为—学习品质

1-5-1 丰富—创造性—学习行为—学习品质

1-5-2 新颖—创造性—学习行为—学习品质

基于上述学习品质评测点，我们通过研究形成了学习品质评量表（附表 1）。

附表 1　学习品质评量表

评测点	水平一	水平二	水平三
1-1-1 敏感	不能发现环境中的新变化[①]	能发现环境中的一般变化	能迅速发现环境中的细微变化，往往伴有积极的情绪
1-1-2 关注未知	对未知的事物不关注	对新鲜的人或事物表现出一定程度的关注	非常关心自己所不知道的或将要发生的事情
1-1-3 好问	不喜欢问问题	会就新事物和未知事物提问	对新事物和未知事物总是刨根问底

① 所有评量表中的水平一并非绝对，仅代表幼儿可能表现出的行为，不代表幼儿的整体发展是迟缓或滞后的。

续表

评测点	水平一	水平二	水平三
1-1-4 喜欢摆弄	对周围的事物不感兴趣	喜欢观察和探索感兴趣的事物	经常探索和操纵事物
1-2-1 作出选择和计划	不会进行选择和计划	能简单地表达自己的选择和计划	能用细节具体说明自己的选择和计划
1-2-2 问题解决	遇到困难和问题时表现出挫败感，不主动想办法去解决	遇到困难和问题时，会尝试想办法解决（包括寻求帮助）	遇到困难和问题时，会主动想多种办法解决
1-2-3 参与	不愿意或不积极参加活动	在成人的带领下能积极参加和投入活动	主动参与活动，在活动中表现持续的兴致和热情
1-2-4 合理冒险	只愿意参加自己熟悉的活动和完成有把握的任务，不愿意冒险	在成人的鼓励和引导下偶尔能接受有挑战性的任务	主动接受和参与有挑战性的任务
1-3-1 集中注意力	做事情时注意力不够集中，非常容易分心	做事情时会比较专注，但偶尔也免不了受到干扰	做事情时十分专注和投入，全神贯注于活动
1-3-2 对困难任务的坚持	发现正在做的任务挺困难时，马上就放弃	发现正在做的任务挺困难时，会坚持一下，但坚持不了多久很快就放弃	发现正在做的任务挺困难时，也会努力坚持做下去
1-3-3 目标坚持	总在不停地更换目标，不能坚持	有时会变换自己的预定目标	不轻易放弃或改变自己的既定目标
1-3-4 坚持完成任务	不能完成一件需要坚持一段时间的任务	在成人的要求和提醒下能完成需要坚持一段时间的任务	能自觉完成需要坚持一段时间的任务，不需要提醒
1-4-1 助人	活动中不善于观察，即使同伴寻求帮助，也无动于衷	当同伴向他寻求帮助时，会帮助同伴	看到同伴遇到困难，马上积极主动地帮助同伴分担、解决困难
1-4-2 交往	只顾自己活动，不参与也不邀请同伴一起游戏	对同伴的活动表现出兴趣，愿意参与到别人的活动中或与同伴交流	主动寻找同伴一起游戏

续表

评测点	水平一	水平二	水平三
1-4-3 协同	不愿意和同伴分享，共同完成任务	愿意和同伴共同游戏，在与同伴合作的过程中配合非常默契	会制定游戏规则，组织、带领同伴一起游戏
1-5-1 丰富	缺乏新颖的观点和独特的见解	偶尔能提出不同于已有经验的想法和观点	总是能从新角度去思考、分析，提出独特的、新颖的见解
1-5-2 新颖	针对问题产生的联想比较单一	针对问题能产生较多的联想	针对问题可以在短时间内反应迅速，从不同角度和方面产生很多的联想，表达较多的观点

（二）健康领域评测点及评量表

2-1-1 站、坐、走姿势—具有健康的体态—身心状况—健康

2-1-2a 情绪状态—情绪安定愉快—身心状况—健康

2-1-2b 控制不良情绪—情绪安定愉快—身心状况—健康

2-1-2c 表达情绪—情绪安定愉快—身心状况—健康

2-1-2d 分享情绪—情绪安定愉快—身心状况—健康

2-1-3a 适应户外活动—具有一定的适应能力—身心状况—健康

2-1-3b 适应新的环境—具有一定的适应能力—身心状况—健康

2-1-3c 适应集体生活—具有一定的适应能力—身心状况—健康

2-1-3d 人际适应—具有一定的适应能力—身心状况—健康

2-2-1a 地面直线走—具有一定的平衡能力，动作协调、灵敏—动作发展—健康

2-2-1b 走平衡木—具有一定的平衡能力，动作协调、灵敏—动作发展—健康

2-2-1c 在不平稳物体上行走—具有一定的平衡能力，动作协调、灵敏—动作发展—健康

2-2-1d 上下楼梯—具有一定的平衡能力，动作协调、灵敏—动作发展—健康

2-2-1e 钻爬—具有一定的平衡能力，动作协调、灵敏—动作发展—健康

2-2-1f 攀爬—具有一定的平衡能力，动作协调、灵敏—动作发展—健康

2-2-1g 双脚向前跳—具有一定的平衡能力，动作协调、灵敏—动作发展—健康

2-2-1h 跨跳—具有一定的平衡能力，动作协调、灵敏—动作发展—健康

2-2-1i 跳绳—具有一定的平衡能力，动作协调、灵敏—动作发展—健康

2-2-1j 躲避碰撞—具有一定的平衡能力，动作协调、灵敏—动作发展—健康

2-2-1k 躲闪—具有一定的平衡能力，动作协调、灵敏—动作发展—健康

2-2-1l 抛球—具有一定的平衡能力，动作协调、灵敏—动作发展—健康

2-2-1m 拍球—具有一定的平衡能力，动作协调、灵敏—动作发展—健康

2-2-2a 悬吊—具有一定的力量和耐力—动作发展—健康

2-2-2b 投掷沙包—具有一定的力量和耐力—动作发展—健康

2-2-2c 单脚连续向前跳—具有一定的力量和耐力—动作发展—健康

2-2-2d 快跑—具有一定的力量和耐力—动作发展—健康

2-2-2e 长途行走—具有一定的力量和耐力—动作发展—健康

2-2-3a 画简单图形—手的动作灵活协调—动作发展—健康

2-2-3b 使用勺子—手的动作灵活协调—动作发展—健康

2-2-3c 使用筷子—手的动作灵活协调—动作发展—健康

2-2-3d 使用剪刀—手的动作灵活协调—动作发展—健康

2-2-3e 使用劳动工具—手的动作灵活协调—动作发展—健康

2-3-1a 按时睡觉和起床—具有良好的生活与卫生习惯—生活习惯与生活能力—健康

2-3-1b 参加体育活动—具有良好的生活与卫生习惯—生活习惯与生活能力—健康

2-3-1c 饮食均衡—具有良好的生活与卫生习惯—生活习惯与生活能力—健康

2-3-1d 饮食习惯—具有良好的生活与卫生习惯—生活习惯与生活能力—健康

2-3-1e 喜欢喝白开水—具有良好的生活与卫生习惯—生活习惯与生活能力—健康

2-3-1f 保护眼睛—具有良好的生活与卫生习惯—生活习惯与生活能力—健康

2-3-1g 保持自身清洁—具有良好的生活与卫生习惯—生活习惯与生活能力—健康

2-3-2a 会穿脱衣服—具有基本的生活自理能力—生活习惯与生活能力—健康

2-3-2b 主动增减衣服—具有基本的生活自理能力—生活习惯与生活能力—健康

2-3-2c 会系鞋带—具有基本的生活自理能力—生活习惯与生活能力—健康

2-3-2d 整理自己的物品—具有基本的生活自理能力—生活习惯与生活能力—健康

2-3-3a 安全意识—具备基本的安全知识和自我保护能力—生活习惯与生活能

力—健康

2-3-3b 躲避危险—具备基本的安全知识和自我保护能力—生活习惯与生活能力—健康

2-3-3c 遵守安全规则—具备基本的安全知识和自我保护能力—生活习惯与生活能力—健康

2-3-3d 知道求助—具备基本的安全知识和自我保护能力—生活习惯与生活能力—健康

基于上述健康领域评测点，我们通过研究形成了健康领域评量表（附表 2）。

附表 2　健康领域评量表

评测点	水平一	水平二	水平三
2-1-1 站、坐、走姿势	难以坐直、站直	在提醒下能保持正确的站、坐和行走姿势	经常保持正确的站、坐和行走姿势
2-1-2a 情绪状态	喜欢哭闹，常常因一点小事哭闹不止	经常保持愉快的情绪，不高兴时能较快缓解	经常保持愉快的情绪。知道引起自己某种情绪的原因，并努力缓解
2-1-2b 控制不良情绪	有比较强烈的情绪反应时，很难平静下来	有比较强烈的情绪反应时，能在成人的安抚下逐渐平静下来	有比较强烈情绪反应时，能在成人提醒下逐渐平静下来
2-1-2c 表达情绪	不会用积极的方式表达情绪，经常乱发脾气	偶尔能用恰当的方式表达情绪	基本能用恰当的方式表达情绪，不乱发脾气
2-1-2d 分享情绪	从不把自己的情绪与他人分享	愿意把自己的情绪告诉亲近的人，一起分享快乐或求得安慰	愿意分享自己的情绪，还能安慰他人的不良情绪
2-1-3a 适应户外活动	不能在较热或较冷的户外环境中活动	能在较热或较冷的户外环境中连续活动半小时左右	能在较热或较冷的户外环境中连续活动半小时以上
2-1-3b 适应新的环境	换到一个新环境中很难适应	换新环境时情绪能较快稳定，睡眠、饮食基本正常	换新环境时较少出现身体不适
2-1-3c 适应集体生活	长时间都难以适应集体生活	在帮助下能较快适应集体生活	能很快喜欢集体生活

续表

评测点	水平一	水平二	水平三
2-1-3d 人际适应	很难适应人际环境中发生的变化	能较快适应人际环境中发生的变化	能较快融入新的人际关系环境
2-2-1a 地面直线走	不会走直线	能短距离走直线	能沿地面直线走很长的距离
2-2-1b 走平衡木	不会走平衡木	在成人的帮助下能走一段平衡木	能独自在平衡木上平稳走完很长一段距离
2-2-1c 在不平稳物体上行走	不会在不平稳的物体（如斜坡、荡桥上）行走	在成人的帮助下能在不平稳的物体（如斜坡、荡桥上）行走一段距离	能独自在不平稳的物体（如斜坡、荡桥上）平稳行走
2-2-1d 上下楼梯	不会双脚交替上下楼梯	在成人的帮助下能双脚交替上下楼梯	能双脚灵活交替上下楼梯
2-2-1e 钻爬	不会钻爬	在成人的指导下能钻爬一段距离	能以匍匐、膝盖悬空等多种方式快速钻爬
2-2-1f 攀爬	不会爬攀登架、网等	在成人的帮助下能爬攀登架、网等	能独立、安全地爬攀登架、网等
2-2-1g 双脚向前跳	不会双脚同时向前跳	能双脚向前跳	能身体平稳地双脚连续向前跳
2-2-1h 跨跳	不会跨跳过一定距离或一定高度的物体	能助跑跨跳过一定距离或一定高度的物体	能助跑跨跳过较宽或较高的物体
2-2-1i 跳绳	不会跳绳	会跳绳，但不能连续跳	能连续跳绳
2-2-1j 躲避碰撞	经常被他人撞到	偶尔会被他人撞到	能灵活躲避他人的碰撞
2-2-1k 躲闪	不会躲避他人滚过来的球或扔过来的沙包	偶尔可以躲避他人滚过来的球或扔过来的沙包	能灵活躲避他人滚过来的球或扔过来的沙包
2-2-1l 抛球	不会抛球	能双手向上抛球	能连续自抛自接球
2-2-1m 拍球	不会拍球	会拍球，但不能连续拍	能连续拍球多个
2-2-2a 悬吊	不能双手抓杠悬空吊起	能双手抓杠悬空吊起 15 秒左右	能双手抓杠悬空吊起 20 秒及以上

续表

评测点	水平一	水平二	水平三
2-2-2b 投掷沙包	不会向前投掷沙包	能单手将沙包向前投掷 4 米左右	能单手将沙包向前投掷 5 米及以上
2-2-2c 单脚连续向前跳	不会单脚连续向前跳	能单脚连续向前跳 5 米左右	能单脚连续向前跳 8 米及以上
2-2-2d 快跑	能快跑 15 米	能快跑 20 米左右	能快跑 25 米及以上
2-2-2e 长途行走	不能进行 1 公里长途行走	能行走 1.5 公里左右（途中可适当停歇）	能连续行走 1.5 公里以上（途中可适当停歇）
2-2-3a 画简单图形	不会画简单图形	能沿边线较直地画出简单图形	能根据需要画出图形，线条基本平滑
2-2-3b 使用勺子	不会用勺子吃饭	会用勺子吃饭	能熟练地用勺子吃饭
2-2-3c 使用筷子	不会使用筷子	会用筷子吃饭	能熟练使用筷子
2-2-3d 使用剪刀	不会用剪刀剪直线	能沿轮廓线剪出由直线构成的简单图形，边线吻合	能沿轮廓线剪出由曲线构成的简单图形，边线吻合且平滑
2-2-3e 使用劳动工具	不会使用简单的劳动工具或用具	会使用简单的劳动工具或用具	能正确使用多种简单的劳动工具或用具
2-3-1a 按时睡觉和起床	每天几乎不能按时睡觉和起床，没有午睡的习惯	每天按时睡觉和起床，并能坚持午睡	养成每天按时睡觉和起床的习惯
2-3-1b 参加体育活动	不喜欢参加体育活动	喜欢参加体育活动	能主动参加体育活动
2-3-1c 饮食均衡	比较偏食、挑食。不喜欢吃瓜果、蔬菜等新鲜食品	在引导下，不偏食、挑食。喜欢吃瓜果、蔬菜等新鲜食品	不偏食、挑食，不暴饮暴食。喜欢吃瓜果、蔬菜等新鲜食品
2-3-1d 饮食习惯	吃东西时狼吞虎咽	在引导下吃东西时细嚼慢咽	吃东西时细嚼慢咽
2-3-1e 喜欢喝白开水	不愿意饮用白开水，贪喝饮料	常喝白开水，不贪喝饮料	主动饮用白开水，不贪喝饮料
2-3-1f 保护眼睛	不知道保护眼睛	知道保护眼睛	主动保护眼睛
2-3-1g 保持自身清洁	不会自己刷牙、洗手	在提醒下，每天早晚刷牙、饭前便后洗手，方法基本正确	每天早晚主动刷牙，饭前便后主动洗手，方法正确

续表

评测点	水平一	水平二	水平三
2-3-2a 会穿脱衣服	不会自己穿脱衣服	在帮助下能穿脱衣服或鞋袜	能自己穿脱衣服、鞋袜、扣纽扣
2-3-2b 主动增减衣服	不知道根据冷热增减衣服	会向成人求助增减衣服	自己知道根据冷热随时增减衣服
2-3-2c 会系鞋带	不会系鞋带	能在成人指导下系鞋带	会自己系紧鞋带
2-3-2d 整理自己的物品	不会将用过的物品放回原处	能整理自己的物品	能按类别整理好自己的物品
2-3-3a 安全意识	不知道如何正确对待陌生人	知道不吃陌生人给的东西，不跟陌生人走	未经大人允许不给陌生人开门
2-3-3b 躲避危险	不注意安全，有危险的行为	运动时能主动躲避危险	运动时能注意安全，不给他人造成危险
2-3-3c 遵守安全规则	基本不遵守安全规则	认识常见的安全标志，能遵守安全规则	能自觉遵守基本的安全规则和交通规则
2-3-3d 知道求助	遇到危险时，不懂得求助	遇到危险时，知道简单的求助方式	遇到危险时，会恰当使用多种求助方式

（三）语言领域评测点及评量表

3-1-1a 听他人讲话—认真听并能听懂常用语言—倾听与表达—语言

3-1-1b 听日常会话—认真听并能听懂常用语言—倾听与表达—语言

3-1-1c 理解较复杂的语言—认真听并能听懂常用语言—倾听与表达—语言

3-1-1d 理解语气、语调—认真听并能听懂常用语言—倾听与表达—语言

3-1-2a 与他人交谈—愿意讲话并能清楚地表达—倾听与表达—语言

3-1-2b 说普通话—愿意讲话并能清楚地表达—倾听与表达—语言

3-1-2c 讲述一件事情—愿意讲话并能清楚地表达—倾听与表达—语言

3-1-2d 复述—愿意讲话并能清楚地表达—倾听与表达—语言

3-1-2e 说民族语言或本地语言—愿意讲话并能清楚地表达—倾听与表达—语言

3-1-2f 描述国旗—愿意讲话并能清楚地表达—倾听与表达—语言

3-1-3a 听他人讲话时的礼貌—具有文明的语言习惯—倾听与表达—语言

3-1-3b 与他人讲话—具有文明的语言习惯—倾听与表达—语言

3-1-3c 使用礼貌用语—具有文明的语言习惯—倾听与表达—语言

3-2-1a 听故事—喜欢听故事，看图书—阅读与书写准备—语言

3-2-1b 阅读图书—喜欢听故事，看图书—阅读与书写准备—语言

3-2-1c 讲故事—喜欢听故事，看图书—阅读与书写准备—语言

3-2-1d 文字敏感性—喜欢听故事，看图书—阅读与书写准备—语言

3-2-2a 理解故事内容—具有初步的阅读理解能力—阅读与书写准备—语言

3-2-2b 阅读画面—具有初步的阅读理解能力—阅读与书写准备—语言

3-2-2c 体会文学作品的情绪情感—具有初步的阅读理解能力—阅读与书写准备—语言

3-2-2d 评价所阅读作品—具有初步的阅读理解能力—阅读与书写准备—语言

3-2-3a 用图画和符号进行表达—具有书面表达的愿望和初步技能—阅读与书写准备—语言

3-2-3b 书写姿势—具有书面表达的愿望和初步技能—阅读与书写准备—语言

3-2-3c 书写自己的名字—具有书面表达的愿望和初步技能—阅读与书写准备—语言

3-2-3d 书写民族文字—具有书面表达的愿望和初步技能—阅读与书写准备—语言

基于上述语言领域评测点，我们通过研究形成了语言领域评量表（附表 3）。

附表 3　语言领域评量表

评测点	水平一	水平二	水平三
3-1-1a 听他人讲话	别人对自己说话时没有回应	别人对自己说话时能注意听并做出回应	在集体中能注意听他人讲话
3-1-1b 听日常会话	听不懂日常会话	能基本听懂日常会话	能听懂日常会话。听不懂或有疑问时能主动提问
3-1-1c 理解较复杂的语言	不能理解较复杂的句子	能部分理解较复杂的句子	能结合情境理解一些表示因果、假设等相对复杂的句子
3-1-1d 理解语气、语调	不能理解语气、语调	结合情境感受到不同语气、语调所表达的不同意思	结合情境充分理解不同语气、语调所表达的不同意思
3-1-2a 与他人交谈	不愿意与他人打招呼、讲话	愿意与他人交谈，喜欢谈论自己感兴趣的话题	愿意与他人讨论问题，敢在众人面前说话

续表

评测点	水平一	水平二	水平三
3-1-2b 说普通话	不会说普通话	基本会说普通话	会说普通话，发音正确清晰
3-1-2c 讲述一件事情	不会完整地讲述一件事情	能基本完整地讲述一件事情	能有序、连贯、清楚地讲述一件事情，语言比较生动
3-1-2d 复述	不会说儿歌、童谣	能说儿歌、童谣或复述简短的故事	能说复杂的儿歌、童谣，复述较长的故事
3-1-2e 说民族语言或本地语言	不会说民族语言或本地语言	会说简单的民族语言或本地语言	能够用民族语言或本地语言进行日常交流
3-1-2f 描述国旗	不会描述国旗	能从颜色或者图案描述国旗	能从颜色和图案，以及图案分布特征来完整地描述国旗
3-1-3a 听他人讲话时的礼貌	与别人讲话时心不在焉	与别人讲话时会看着对方，回应对方	不随意打断别人讲话。别人讲话时能积极主动地回应
3-1-3b 与他人讲话	说话不自然，声音过小或过大	能根据场合调节自己说话声音的大小	能根据谈话对象和需要，调整说话的语气
3-1-3c 使用礼貌用语	爱说脏话、粗话	能在成人的提醒下使用恰当的礼貌用语	能主动使用礼貌用语，不说脏话、粗话
3-2-1a 听故事	不喜欢听故事	成人讲故事时能专心听	主动要求成人讲故事、读图书
3-2-1b 阅读图书	不喜欢阅读图书	反复看自己喜欢的图书	专注地阅读图书
3-2-1c 讲故事	不喜欢讲故事	喜欢把听过的故事或看过的图书讲给别人听	喜欢与他人一起谈论图书和故事的有关内容
3-2-1d 文字敏感性	不会认标识，不知道标识的意义	对生活中常见的标识、符号感兴趣，知道它们表示一定的意义	标识、文字符号对图书和生活情境中的文字符号感兴趣，知道文字表示一定的意义
3-2-2a 理解故事内容	不能正确回答所阅读故事相关的问题	能正确回答所阅读故事相关的问题	能说出所阅读故事的主要内容

续表

评测点	水平一	水平二	水平三
3-2-2b 阅读画面	不会根据画面信息猜测故事内容	能根据连续画面提供的信息，大致说出故事的情节	能根据故事的部分情节或图书画面的线索猜想故事情节的发展，或续编、创编故事
3-2-2c 体会文学作品的情绪情感	不能体会文学作品所表达的情绪情感	能随着作品的展开产生喜悦、担忧等相应的情绪反应，体会作品所表达的情绪情感	能准确表达文学作品所表达的情绪情感
3-2-2d 评价所阅读作品	不会对看过的图书、听过的故事表达自己的看法	在成人的引导下可以简单表达自己对看过的图书、听过的故事的看法	对看过的图书、听过的故事能说出自己的看法
3-2-3a 用图画和符号进行表达	不会用图画和符号表达一定的意思	愿意用图画和符号表达自己的愿望和想法	愿意用图画和符号表现事物或故事
3-2-3b 书写姿势	不会用正确的写画姿势	在成人提醒下，写写画画时姿势正确	写画时始终保持正确的姿势
3-2-3c 书写自己的名字	不会书写自己的名字	会正确书写自己的名字	会流畅运笔，整齐书写自己的名字
3-2-3d 书写民族文字	不会书写民族文字	会书写简单的几个民族文字	会写很多民族文字

（四）社会领域评测点及评量表

4-1-1a 和同伴交往—愿意与人交往—人际交往—社会
4-1-1b 和长辈交往—愿意与人交往—人际交往—社会
4-1-2a 与同伴一起游戏—能与同伴友好相处—人际交往—社会
4-1-2b 与同伴分享—能与同伴友好相处—人际交往—社会
4-1-2c 冲突解决—能与同伴友好相处—人际交往—社会
4-1-2d 合作完成任务—能与同伴友好相处—人际交往—社会
4-1-2e 对待同伴的意见和建议—能与同伴友好相处—人际交往—社会

4-1-2f 对待他人—能与同伴友好相处—人际交往—社会

4-1-3a 自主游戏—具有自尊、自信、自主的表现—人际交往—社会

4-1-3b 自我认识—具有自尊、自信、自主的表现—人际交往—社会

4-1-3c 独立做事—具有自尊、自信、自主的表现—人际交往—社会

4-1-3d 承担有一定难度的任务—具有自尊、自信、自主的表现—人际交往—社会

4-1-3e 思想独立—具有自尊、自信、自主的表现—人际交往—社会

4-1-3f 民族交往—具有自尊、自信、自主的表现—人际交往—社会

4-1-3g 国际交往—具有自尊、自信、自主的表现—人际交往—社会

4-1-4a 尊重他人—关心尊重他人—人际交往—社会

4-1-4b 关心他人—关心尊重他人—人际交往—社会

4-1-4c 尊重他人劳动及成果—关心尊重他人—人际交往—社会

4-2-1a 喜欢参加群体活动—喜欢并适应群体生活—社会适应—社会

4-2-1b 喜欢上幼儿园—喜欢并适应群体生活—社会适应—社会

4-2-1c 渴望上小学—喜欢并适应群体生活—社会适应—社会

4-2-1d 和家长参加群体性活动—喜欢并适应群体生活—社会适应—社会

4-2-2a 遵守规则—遵守基本的行为规范—社会适应—社会

4-2-2b 不随意拿别人的东西—遵守基本的行为规范—社会适应—社会

4-2-2c 不损害他人物品—遵守基本的行为规范—社会适应—社会

4-2-2d 诚实—遵守基本的行为规范—社会适应—社会

4-2-2e 守信—遵守基本的行为规范—社会适应—社会

4-2-2f 节约资源—遵守基本的行为规范—社会适应—社会

4-2-3a 热爱家庭—具有初步的归属感—社会适应—社会

4-2-3b 热爱班级—具有初步的归属感—社会适应—社会

4-2-3c 热爱家乡—具有初步的归属感—社会适应—社会

4-2-3d 知道国旗和国歌—具有初步的归属感—社会适应—社会

4-2-3e 热爱祖国—具有初步的归属感—社会适应—社会

4-2-3f 认识民族—具有初步的归属感—社会适应—社会

4-2-3g 认识中国地图—具有初步的归属感—社会适应—社会

4-2-3h 认识世界地图—具有初步的归属感—社会适应—社会

4-2-3i 知道自己的国名—具有初步的归属感—社会适应—社会

4-2-3j 知道国家领导人—具有初步的归属感—社会适应—社会

4-2-3k 区分外国人—具有初步的归属感—社会适应—社会

4-2-3l 知道升国旗时的礼节—具有初步的归属感—社会适应—社会

基于上述社会领域评测点，我们通过研究形成了社会领域评量表（附表 4）。

附表 4　社会领域评量表

评测点	水平一	水平二	水平三
4-1-1a 和同伴交往	不喜欢和小朋友一起游戏	喜欢和小朋友一起游戏，有经常一起玩的小伙伴	有自己的好朋友，也喜欢结交新朋友
4-1-1b 和长辈交往	不愿意与熟悉的长辈一起活动	愿意和长辈一起交谈	喜欢和长辈交谈，有问题愿意向长辈请教，有事情愿意告诉长辈
4-1-2a 与同伴一起游戏	不知道如何加入同伴的游戏	会运用介绍自己、交换玩具等简单技巧加入同伴游戏	能想办法吸引同伴和自己一起游戏
4-1-2b 与同伴分享	喜欢独占，不会与同伴分享	在成人指导下，不争抢、不独霸玩具	对大家都喜欢的东西能轮流、分享
4-1-2c 冲突解决	与同伴发生冲突时，听不进去成人的劝解	与同伴发生冲突时，能在他人帮助下和平解决	与同伴发生冲突时能自己协商解决
4-1-2d 合作完成任务	不会和同伴分工合作，共同完成任务	活动时能与同伴分工合作	活动时能与同伴分工合作，遇到困难能一起克服
4-1-2e 对待同伴的意见和建议	不接受同伴任何的意见和建议	活动时愿意接受同伴的意见和建议	知道别人的想法有时和自己不一样，能倾听和接受别人的意见，不能接受时会说明理由
4-1-2f 对待他人	喜欢欺负别人	不欺负弱小	不欺负别人，也不允许别人欺负自己
4-1-3a 自主游戏	游戏时不知道从何入手	能按自己的想法进行游戏或其他活动	能主动发起活动或在活动中出主意、想办法
4-1-3b 自我认识	不知道自己的优点和长处	知道自己的一些优点和长处，并对此感到满意	知道自己的优点和长处，并且还想做得更好
4-1-3c 独立做事	自己能做的事情也不愿意自己做	自己的事情尽量自己做，不愿意依赖别人	自己的事情自己做，不会的愿意学

续表

评测点	水平一	水平二	水平三
4-1-3d 承担有一定难度的任务	不愿意尝试没有做过的活动和任务	敢于尝试有一定难度的活动和任务	主动承担任务，遇到困难能够坚持而不轻易求助
4-1-3e 思想独立	没有自己的想法，人云亦云	对事物有自己的看法	与别人的看法不同时，敢于坚持自己的意见并说出理由
4-1-3f 民族交往	不喜欢或害怕与其他民族的人交往	愿意与其他民族的小朋友交往	积极、主动且自信地与其他民族的小朋友交往
4-1-3g 国际交往	不喜欢或害怕与其他国家的小朋友交往	愿意与其他国家的小朋友交往	积极、主动且自信地与其他国家的小朋友交往
4-1-4a 尊重他人	不尊重长辈，对待他人不礼貌	比较尊重他人	始终有礼貌地对待他人，接纳、尊重与自己的生活方式或习惯不同的人
4-1-4b 关心他人	不会注意别人的情绪，不会关心别人	能注意到别人的情绪，并有关心、体贴的表现	能关注别人的情绪和需要，并能给予力所能及的帮助
4-1-4c 尊重他人劳动及成果	不尊重他人的劳动及成果，肆意破坏	尊重他人的劳动及成果	尊重为大家提供服务的人，珍惜他们的劳动成果
4-2-1a 喜欢参加群体活动	不喜欢参加群体活动	愿意并主动参加群体活动	在群体活动中积极、快乐
4-2-1b 喜欢上幼儿园	不喜欢幼儿园	喜欢上幼儿园	主动去幼儿园
4-2-1c 渴望上小学	不想上小学	表示愿意上小学	对小学生活充满好奇和向往
4-2-1d 和家长参加群体性活动	不愿意与家长一起参加社区的群体活动	愿意与家长一起参加社区的一些群体活动	支持家长主动发起社区的一些群体活动
4-2-2a 遵守规则	不理解规则，不能遵守游戏和公共场所的规则	感受规则的意义，并能基本遵守规则	理解规则的意义，能遵守规则，还能与同伴协商制定游戏规则

续表

评测点	水平一	水平二	水平三
4-2-2b 不随意拿别人的东西	不经允许，随意拿别人的东西	知道不经允许不能拿别人的东西，借别人的东西要归还	不私自拿不属于自己的东西
4-2-2c 不损害他人物品	不爱惜他人的物品或公共物品	在成人提醒下，爱护他人的物品或公共物品	会制止他人损害别人的物品或公共物品
4-2-2d 诚实	喜欢说谎	知道说谎是不对的，但偶尔会因害怕惩罚而说谎	做了错事敢于承认，不说谎
4-2-2e 守信	不认真对待自己接受的任务	知道接受了的任务要努力完成	能认真负责地完成自己所接受的任务
4-2-2f 节约资源	不知道节约资源	在提醒下，能节约资源	爱护身边的环境，注意节约资源
4-2-3a 热爱家庭	不能体会自己与家庭的关系	知道和自己一起生活的家庭成员及与自己的关系，体会到自己是家庭的一员	热爱自己的家庭，为家庭感到自豪和骄傲
4-2-3b 热爱班级	不知道自己所在的幼儿园和班级	喜欢自己所在的幼儿园和班级，积极参加集体活动	愿意为集体做事，为集体的成绩感到高兴
4-2-3c 热爱家乡	不能说出自己家所在街道、小区（乡镇、村）的名称	能说出自己家所在地的省、市、县（区）名称，知道当地有代表性的物产或景观	能感受到家乡的发展变化并为此感到高兴
4-2-3d 知道国旗和国歌	不认识国旗	认识国旗，知道国歌	奏国歌、升国旗时能自动站好
4-2-3e 热爱祖国	不知道自己的国籍	知道自己是中国人	知道国家一些重大成就，爱祖国，为自己是中国人感到自豪
4-2-3f 认识民族	不知道自己的民族	知道自己的民族	知道自己的民族和一些其他的民族，各民族之间要互相尊重，团结友爱
4-2-3g 认识中国地图	不知道中国的版图	知道中国地图的大致形状和所处的大致位置	认识中国地图上的很多省份，并且能找到自己的省份

续表

评测点	水平一	水平二	水平三
4-2-3h 认识世界地图	不认识世界地图	能在世界地图上找到中国	认识世界地图上的多个国家
4-2-3i 知道自己的国名	不知道自己的国名	知道自己国家的简称——中国	知道自己国家的全称——中华人民共和国
4-2-3j 知道国家领导人	不知道国家领导人	知道国家主席	知道多个国家领导人
4-2-3k 区分外国人	不能识别外国人	知道外国人与中国人的不同	知道外国人与中国人的不同，并且认识到我们“都是地球上的人”等共同点
4-2-3l 知道升国旗时的礼节	升国旗时，不懂礼仪，有不尊重的行为	升国旗时，在成人的提醒下会行注目礼，并哼唱国歌	升国旗时，会自觉行注目礼，并哼唱国歌

（五）科学领域评测点及评量表

5-1-1a 对周围的世界感兴趣—亲近自然，喜欢探究—科学探究—科学

5-1-1b 喜欢问问题—亲近自然，喜欢探究—科学探究—科学

5-1-1c 喜欢摆弄和探索—亲近自然，喜欢探究—科学探究—科学

5-1-2a 观察比较事物—具有初步的探究能力—科学探究—科学

5-1-2b 猜测和验证—具有初步的探究能力—科学探究—科学

5-1-2c 做简单的调查—具有初步的探究能力—科学探究—科学

5-1-2d 用符号进行记录—具有初步的探究能力—科学探究—科学

5-1-2e 合作交流—具有初步的探究能力—科学探究—科学

5-1-3a 认识常见动植物—在探究中认识周围事物和现象—科学探究—科学

5-1-3b 了解动植物和自然界的关系—在探究中认识周围事物和现象—科学探究—科学

5-1-3c 发现物体的结构特点—在探究中认识周围事物和现象—科学探究—科学

5-1-3d 感知和了解季节—在探究中认识周围事物和现象—科学探究—科学

5-1-3e 知道简单物理现象—在探究中认识周围事物和现象—科学探究—科学

5-1-3f 理解自然界的关系—在探究中认识周围事物和现象—科学探究—科学

5-1-3g 知道科技产品与生活的关系—在探究中认识周围事物和现象—科学探究—科学

5-2-1a 感知事物的形状特征—初步感知生活中数学的有用和有趣—数学认知—科学

5-2-1b 感知数与生活的关系—初步感知生活中数学的有用和有趣—数学认知—科学

5-2-1c 理解事物的排列规律—初步感知生活中数学的有用和有趣—数学认知—科学

5-2-2a 理解事物量的特征—感知和理解数、量及数量关系—数学认知—科学

5-2-2b 比较两组物体的多少—感知和理解数、量及数量关系—数学认知—科学

5-2-2c 点数—感知和理解数、量及数量关系—数学认知—科学

5-2-2d 按数取物—感知和理解数、量及数量关系—数学认知—科学

5-2-2e 数的分解组成—感知和理解数、量及数量关系—数学认知—科学

5-2-2f 理解加减的意义—感知和理解数、量及数量关系—数学认知—科学

5-2-2g 加减运算—感知和理解数、量及数量关系—数学认知—科学

5-2-3a 认识常见几何图形—感知形状与空间关系—数学认知—科学

5-2-3b 画和搭建几何形体—感知形状与空间关系—数学认知—科学

5-2-3c 感知物体基本的空间位置与方位—感知形状与空间关系—数学认知—科学

5-2-3d 辨别左右—感知形状与空间关系—数学认知—科学

基于上述科学领域评测点，我们通过研究形成了科学领域评量表（附表 5）。

附表 5　科学领域评量表

评测点	水平一	水平二	水平三
5-1-1a 对周围的世界感兴趣	不喜欢接触大自然，对周围的事物和现象不感兴趣	喜欢接触新事物	对周围的世界充满兴趣和好奇
5-1-1b 喜欢问问题	不喜欢问问题	经常问问题	对自己感兴趣的问题总是刨根问底
5-1-1c 喜欢摆弄和探索	不喜欢摆弄物品	常常动手动脑探索物体和材料，并乐在其中	能经常动手动脑寻找问题的答案，探索中有所发现时感到兴奋和满足

续表

评测点	水平一	水平二	水平三
5-1-2a 观察比较事物	不喜欢观察事物	能对事物或现象进行观察比较，发现其相同与不同	能通过观察、比较与分析，发现并描述不同种类物体的特征或某个事物前后的变化
5-1-2b 猜测和验证	不会猜测问题的答案	能根据观察结果大胆猜测答案	能用一定的方法验证自己的猜测
5-1-2c 做简单的调查	不会做简单的调查	能通过简单的调查收集信息	在成人的帮助下能制订简单的调查计划并执行
5-1-2d 用符号进行记录	不会记录结果	能用图画或其他符号进行记录	能用数字、图画、图表或其他符号记录
5-1-2e 合作交流	喜欢独自进行探究活动	会和他人一起共同进行探究	探究中能与他人合作与交流
5-1-3a 认识常见动植物	不认识常见的动植物	认识几种常见的动植物	认识和了解很多动植物
5-1-3b 了解动植物和自然界的关系	不能理解动植物和环境之间的关系	能感知和发现动植物的生长变化及其基本条件	能察觉到动植物的外形特征、习性与生存环境的适应关系
5-1-3c 发现物体的结构特点	不能体会物体和材料的特性	能感知和发现常见材料的溶解、传热等性质或用途	能发现常见物体的结构与功能之间的关系
5-1-3d 感知和了解季节	不了解季节，不知道季节对人类和自然界的影响	能感知和发现不同季节的特点	感知并了解季节变化的周期性，知道变化的顺序
5-1-3e 知道简单物理现象	不知道简单物理现象	能感知和发现简单物理现象	能探索并发现常见的物理现象产生的条件或影响因素
5-1-3f 理解自然界的关系	不理解动植物和人类的关系	初步了解和体会动植物和人类生活的关系	能理解人与自然、动植物的依赖关系
5-1-3g 知道科技产品与生活的关系	不认识常用科技产品	初步感知常用科技产品与自己生活的关系	了解常见科技产品的用途和弊端

续表

评测点	水平一	水平二	水平三
5-2-1a 感知事物的形状特征	不知道可以用形状来描述事物	在指导下，感知和体会有些事物可以用形状来描述	会用表示形状的词来描述事物
5-2-1b 感知数与生活的关系	不能理解数在生活中的意义	在指导下，感知和体会有些事物可以用数来描述，对环境中各种数字的含义有进一步探究的兴趣	能发现生活中许多问题都可以用数学的方法来解决，体验解决问题的乐趣
5-2-1c 理解事物的排列规律	不能发现事物的排列规律	能发现按照一定规律排列的事物，体会其中的排列特点与规律	能发现事物简单的排列规律，并尝试创造新的排列规律
5-2-2a 理解事物量的特征	不会区分物体的大小、多少、高矮、长短等简单的量方面的特点	能感知和区分物体简单的量方面的特点，并能用相应的词语描述	初步理解量的相对性
5-2-2b 比较两组物体的多少	不会比较两组物体的多少	能通过一一对应的方法比较两组物体的多少	能通过数数比较两组物体的多少
5-2-2c 点数	不会点数	能手口一致地点数	能手口一致地点数，并能说出总数
5-2-2d 按数取物	不会按数取物	能在教师引导下按数取物	能按数取物
5-2-2e 数的分解组成	不理解数可以进行合并和分解	能通过实际操作将数进行合并和分解	可以用许多方法对数进行分解
5-2-2f 理解加减的意义	不能理解“加”和“减”的实际意义	在成人的不断提示下借助实际情境和操作理解“加”和“减”的实际意义	借助实际情境和操作理解“加”和“减”的实际意义
5-2-2g 加减运算	不会10以内的加减运算	能通过实物操作或其他方法进行10以内的加减运算，但容易出错	能通过实物操作或其他方法正确进行10以内的加减运算

续表

评测点	水平一	水平二	水平三
5-2-3a 认识常见几何图形	不认识常见的几何图形	能感知和发现常见几何图形的基本特征，并能用语言描述	能感知和发现常见几何图形的基本特征，并能进行分类
5-2-3b 画和搭建几何形体	不会画或搭建物体的造型	能感知物体的形体结构特征，画出或拼搭出该物体的造型	能用常见的几何形体有创意地拼搭和画出物体的造型
5-2-3c 感知物体基本的空间位置与方位	不能理解上下、前后、里外等方位词	能使用上下、前后、里外、中间、旁边等方位词描述物体的位置和运动方向	能按语言指示或根据简单示意图正确取放物品
5-2-3d 辨别左右	不能分辨左右	基本能分清左和右	能辨别自己的左右

（六）艺术领域评测点及评量表

6-1-1a 发现美的事物—喜欢自然界与生活中美的事物—感受与欣赏—艺术

6-1-1b 分享美的事物—喜欢自然界与生活中美的事物—感受与欣赏—艺术

6-1-1c 倾听和表达各种声音—喜欢自然界与生活中美的事物—感受与欣赏—艺术

6-1-2a 喜欢艺术作品—喜欢欣赏多种多样的艺术形式和作品—感受与欣赏—艺术

6-1-2b 表达对艺术作品的欣赏—喜欢欣赏多种多样的艺术形式和作品—感受与欣赏—艺术

6-2-1a 喜欢艺术活动—喜欢进行艺术活动并大胆表现—表现与创造—艺术

6-2-1b 喜欢用艺术方式表达—喜欢进行艺术活动并大胆表现—表现与创造—艺术

6-2-2a 唱歌—具有初步的艺术表现与创造能力—表现与创造—艺术

6-2-2b 律动—具有初步的艺术表现与创造能力—表现与创造—艺术

6-2-2c 会用艺术的形式表现—具有初步的艺术表现与创造能力—表现与创造—艺术

6-2-2d 打节奏—具有初步的艺术表现与创造能力—表现与创造—艺术

6-2-2e 表演—具有初步的艺术表现与创造能力—表现与创造—艺术

6-2-2f 绘画—具有初步的艺术表现与创造能力—表现与创造—艺术

基于上述艺术领域评测点，我们通过研究形成了艺术领域评量表（附表 6）。

附表 6　艺术领域评量表

评测点	水平一	水平二	水平三
6-1-1a 发现美的事物	不善于发现大自然和生活中的美	喜欢观看大自然中美的事物	在欣赏自然界和生活环境中美的事物时，能用自己的语言、动作等描述它们美的方面
6-1-1b 分享美的事物	从不表达自己对美的事物的感受	偶尔会讲自己所发现的美的事物	乐于向别人介绍所发现的美的事物
6-1-1c 倾听和表达各种声音	对各种声音都没有反应	喜欢倾听各种好听的声音，能感知声音的高低、长短、强弱等变化	会倾听和分辨各种声响，并用自己的方式表达对音色、强弱、快慢的感受
6-1-2a 喜欢艺术作品	不喜欢欣赏艺术作品	喜欢多种形式的艺术作品	欣赏艺术作品时会产生相应的联想和情绪反应
6-1-2b 表达对艺术作品的欣赏	在欣赏艺术作品时没有反应	在欣赏艺术作品时有模仿和参与的愿望	愿意和别人分享、交流自己喜爱的艺术作品和美感体验
6-2-1a 喜欢艺术活动	不喜欢艺术活动	愿意参加各种艺术活动	积极参与各种艺术活动
6-2-1b 喜欢用艺术方式表达	不用艺术方式表现	经常用艺术方式表现自己的所见所想	敢于并乐于用各种不同的艺术方式表达自己的感受和想象
6-2-2a 唱歌	不会唱歌	能用自然的、音量适中的声音基本准确地唱歌	能用基本准确的节奏和音调唱歌
6-2-2b 律动	不会做简单的律动	能跟随熟悉的音乐做身体动作	能用律动或简单的舞蹈动作表现自己的情绪或自然界的情景

续表

评测点	水平一	水平二	水平三
6-2-2c 会用艺术的形式表现	不会用画或用其他艺术的形式表现	能运用绘画、手工制作等表现自己观察到或想象的事物	能用自己制作的美术作品布置环境、美化生活
6-2-2d 打节奏	不会打节奏	会用拍手、踏步等身体动作或可敲击的物品敲打节拍和基本节奏	能基本准确地敲打节拍和基本节奏
6-2-2e 表演	不会表演	能根据故事情节进行表演	能自编自演故事，并为表演选择和搭配简单的服饰、道具或布景
6-2-2f 绘画国旗	不会绘画国旗	能大致地绘画出国旗的颜色和五角星等特征	能够完全绘画出五星红旗，且布局正确

二、幼儿园教育活动案例汇总

（一）幼儿园大班教育活动“京剧脸谱‘找朋友’”

活动目标

1. 品德启蒙目标：感受互相关心、团结友爱的传统美德；

2. 文化底蕴目标：体会京剧脸谱的外在形态与内在意蕴；

3. 学习品质目标：能不怕困难地完成自己的任务；

4. 关键经验目标：（1）艺术领域：能运用绘画、手工制作等表现自己观察到或想象的京剧脸谱；（2）科学领域：能通过观察、比较与分析，发现并描述同伴间不同京剧脸谱的特征；（3）语言领域：能理解图画书中关于脸谱制作的核心故事情节。

活动准备

1. 经验准备

（1）教师经验准备：明白积极学习品质中坚持性的内涵及其支持策略；了解

《指南》中5—6岁幼儿艺术、科学、语言领域发展的目标及相应支持策略；掌握京剧脸谱中“三块瓦”这一关键要素；知道京剧脸谱中不同颜色、纹样的象征意义；能熟练绘制京剧脸谱。

（2）幼儿经验准备：参与过卡纸装饰或面具制作的活动；在环境创设中看到过京剧脸谱的照片，阅读过有关京剧脸谱的原创图画书。

2. 物质准备

教学PPT、原创图画书《孙大圣你在庙会吗》、“三块瓦”京剧脸谱拼图块、“三块瓦”京剧脸谱拼图纸、有压痕的孙悟空空白脸谱纸模、孙悟空脸谱绘制流程图、无压痕的空白脸谱纸模、孙悟空创意脸谱参考图。

活动过程

1. 产生兴趣

教师通过向幼儿展示自己制作的孙悟空京剧脸谱，激发幼儿对京剧脸谱制作的兴趣。

支架语1：小朋友们好，你们看看老师手上拿着的是什么呀？（支架物：教师提前制作好的孙悟空京剧脸谱；支架态：露出神秘的微笑；支架势：将京剧脸谱从身后突然掏出。）

幼儿预期表现：略。

支架语2：老师听到有小朋友说，“咦，是京剧脸谱吗？”恭喜你答对啦！京剧脸谱是我们国家传统艺术京剧里面所用的一种常用的化妆方法。它可以用专门的油彩画在脸上，也可以用水彩笔画在纸上，还可以用水粉画在纸模上，你们看，老师就用纸模做了一个京剧脸谱！（支架物：教学PPT；支架态：抬头挺胸，作自豪状；支架势：单手指向教学PPT。）

幼儿预期表现：略。

支架语3：小朋友们想不想和老师一样，做一个孙悟空的京剧脸谱呀？大家可以先猜猜做这个京剧脸谱需要哪些材料呢？（支架物：教师事先做好的孙悟空京剧脸谱；支架态：皱眉、转眼珠；支架势：用食指在头边画圈。）

幼儿预期表现：略。

设计意图：激发幼儿对京剧脸谱的好奇心和进一步探究的兴趣。

2. 主动体验

教师请幼儿派小组代表上台领取制作京剧脸谱的半成品材料，并引导幼儿用多感官感知材料。

支架语1：老师为大家准备了制作京剧脸谱需要的材料，请各小组的小组长上台领取你们小组的材料！（支架物：制作京剧脸谱的半成品材料；支架态：微笑；支架势：一只手四指并拢指向材料处。）

幼儿预期表现：略。

支架语 2：现在大家已经拿到了材料，请充分调动你们的小手、小眼睛、小嘴巴，仔细看一看，摸一摸，说一说它们到底是什么呢？（支架物：制作京剧脸谱的半成品材料；支架态：微笑，环视全体幼儿；支架势：走到一组幼儿旁边，指向桌面的一些材料。）

幼儿预期表现：略。

支架语 3：刚才有小朋友跟老师说了，这些材料分别是纸模、水粉颜料、画笔，那谁能告诉老师怎样使用这些材料制作出一个京剧脸谱呢？（支架物：制作京剧脸谱的半成品材料；支架态：眉头微皱，嘴巴微闭；支架势：用手轻轻依次拿起材料。）

幼儿预期表现：略。

支架语 4：有小朋友刚才说了，可以涂色，那到底该怎么涂呢？先涂什么，后涂什么？有没有什么涂色小妙招可以使用呢？（支架态：皱眉、转眼珠；支架势：上身前倾。）

幼儿预期表现：略。

设计意图：引导幼儿用多感官感知绘制京剧脸谱的材料。

3. 深度探究

教师逐步引导幼儿主动探索京剧脸谱中“三块瓦”的含义、上色顺序、颜色及纹样象征意义。

支架语 1：要想画好京剧脸谱，最重要的是掌握“三块瓦”，它其实不是真正的瓦片，而是人物额头、京剧脸谱两个脸颊这三块同样颜色的区域。现在就让我们一起挑战一下“三块瓦”京剧脸谱的平面拼图吧。（支架物：教学 PPT 中讲解“三块瓦”京剧脸谱的图片、“三块瓦”京剧脸谱拼图块和拼图纸，高山流水音乐；支架态：微笑；支架势：播放轻音乐。轮流走到每一组幼儿旁边，观察他们的制作情况。）

幼儿预期表现：略。

支架语 2：现在我们需要为京剧脸谱上色，首先，我们要为人物涂上大面积的底色；其次，我们要从上而下，勾勒人物的眉毛、眼睛、鼻子、嘴巴；最后再在他的额头上画上装饰。现在大家可以按照步骤并参考成品图在有压痕的纸模上绘制孙悟空的京剧脸谱啦。（支架物：孙悟空脸谱绘制流程图，高山流水音乐；支架态：微笑；支架势：俯身观察。）

幼儿预期表现：略。

支架语 3：小朋友们在画好自己的孙悟空京剧脸谱后，请仔细观察下它，看看什么颜色用的是最多的？有小朋友说是红色，那你们知道这是为什么吗？老师告诉大家，京剧脸谱是用颜色来表现人物特点的，红色是忠诚勇敢的象征。同时，人物的额头上一般也是与这个人密切相关的东西，有的是武器。（支架物：教学 PPT 中各色脸谱的图片，高山流水音乐；支架态：微笑；支架势：上身微微前倾。）

幼儿预期表现：略。

支架语 4：我们都知道孙悟空是非常勇敢，对自己的师父也十分忠诚，所以他的脸上有很多红色。而且，孙悟空还有一个名字叫斗战胜佛，所以他的额头上有一颗佛珠。（支架物：孙悟空创意脸谱参考图，高山流水音乐；支架态：微笑；支架势：上身微微前倾。）

幼儿预期表现：略。

支架语 5：现在请小朋友将没有压痕的纸模块拼贴成一个完整脸谱吧，看看你能拼好立体形式的“三块瓦”吗？（支架物：无压痕的空白脸谱纸模块，高山流水音乐；支架态：微笑；支架势：依次举起若干空白脸谱纸模。）

幼儿预期表现：略。

支架语 6：现在请大家开动你们的小脑筋，在自己拼好的空白纸模上绘制一个别出心裁的孙悟空京剧脸谱吧！（支架物：幼儿拼好的空白脸谱纸模，高山流水音乐；支架态：期待的表情；支架势：单手指向桌面上幼儿拼好的空白脸谱纸模。）

幼儿预期表现：略。

设计意图：支架幼儿逐步探索京剧脸谱的绘制。

▲成果物：每个幼儿一个固定形象的孙悟空京剧脸谱和一个创意形象的孙悟空京剧脸谱。

4. 分享合作

教师通过小游戏“找朋友”，引导幼儿发现自己制作的脸谱和同伴脸谱的相同与不同，欣赏他人作品并借鉴有益经验。

支架语 1：小朋友们，老师发现大家做的京剧脸谱真是太棒了。现在请大家把你们的创意脸谱放在活动室空地的中央，围成一个圆圈，放好的小朋友和你身边的同伴拉起手，我们在脸谱作品的外边围成一个大圆圈。（支架物：教学 PPT 中作品展示墙的页面；支架态：微笑；支架势：走到可以放置脸谱的地方，并用手向幼儿示意。）

幼儿预期表现：略。

支架语 2：好，现在我们开始“赶大集”啦！大家边转圈边跟我一起念，“京剧脸谱找朋友，找到一个好朋友”，我说“停”，大家就停下来！（支架物：教学 PPT 中作品展示墙的页面；支架态：微笑；支架势：就近加入到幼儿手拉手的圆圈中。）

幼儿预期表现：略。

支架语 3：来，“京剧脸谱找朋友，找到一个好朋友”，“停”，请这位小朋友跟我们说一下在你面前的脸谱和你自己的作品有哪些相同和不同之处呢？（支架物：教学 PPT 中作品展示墙的页面；支架态：微笑；支架势：与身边幼儿拉手并走动起来，接着走向需要发言的幼儿身旁。）

幼儿预期表现：略。

支架语 4：那请问刚才这位小朋友说的是谁的作品呀？你可以把你的作品送给他 / 她吗？（支架物：教学 PPT 中作品展示墙的页面；支架态：微笑；支架势：单手作举手状，接着走向准备发言的幼儿身旁。）

幼儿预期表现：略。

支架语 5：（走了两轮之后。）我们换人喊“停”，有哪位小朋友愿意？好，那我们就跟着 ×× 的口令一起转圈“赶大集”。（支架物：教学 PPT 中作品展示墙的页面；支架态：微笑；支架势：单手作举手状。）

幼儿预期表现：略。

设计意图：引导幼儿愿意并大胆地用语言表达对他人作品的喜爱之情，积极主动地获得有益经验。

5. 联想创意

教师引领幼儿链接同伴作品得出“1+1>2”的京剧脸谱。

支架语 1：请小朋友收好手中的孙悟空创意脸谱，然后将三块瓦的区域取下来。我们一起变个小魔术。（支架物：幼儿绘制完成的孙悟空创意脸谱；支架态：露出神秘的表情；支架势：拿起一个孙悟空创意脸谱，假装做取下三块瓦的动作。）

幼儿预期表现：略。

支架语 2：取下来的小朋友和你身边至少 2 位同伴互换脸谱，拼贴成新的脸谱吧！做好的小朋友请戴在脸上，让老师看到大家再次找朋友之后的孙悟空脸谱大变身！（支架态：微笑；支架势：单手作出数字 2 的手势。）

幼儿预期表现：略。

设计意图：引导幼儿们使用彼此的成果物对京剧脸谱再次进行创意创作。

活动评价（附表7）

附表7　活动评量表

评测点	水平一	水平二	水平三
坚持完成任务	□不能完成一件需要坚持一段时间的任务	□在成人的要求和提醒下能完成需要坚持一段时间的任务	□能自觉完成需要坚持一段时间的任务，不需要提醒
会用艺术的形式表现	□不会用绘画和其他艺术表现形式表现	□能运用绘画和手工制作等表现自己观察到或想象的事物	□能用自己制作的美术作品布置环境、美化生活
观察比较事物	□不喜欢观察事物	□能对事物或现象进行观察比较，发现其相同与不同	□能通过观察、比较与分析，发现并描述不同种类物体的特征或某个事物前后的变化
理解故事内容	□不能正确回答所阅读故事相关的问题	□能正确回答所阅读故事相关的大部分问题	□能正确回答所阅读故事相关的全部问题

（二）幼儿园中班教育活动“我的超人妈妈”

活动目标

1. 品德启蒙目标：感受孝老爱亲的传统美德。

2. 文化底蕴目标：欣赏相框上的传统纹样装饰。

3. 学习品质目标：能主动参与活动，在活动中表现持续的兴致和热情。

4. 关键经验目标：（1）艺术领域：能运用绘画、粘贴等方式表现自己观察到的超人妈妈是什么样；（2）科学领域：能感知相框的结构特征，根据引导线折叠和粘贴出相框；（3）语言领域：能随着图画书的情节的展开产生喜悦、感动等相应的情绪反应，体会妈妈对自己的爱。

活动准备

1. 经验准备

（1）教师经验准备：明白积极学习品质中主动性的内涵，了解《指南》中4—5岁幼儿艺术、科学、语言领域发展的目标及相应支持策略；了解幼儿的基本家庭状况。

（2）幼儿经验准备：幼儿会图画书绘本，绘制过人物画像；能够进行基本的语言表达。

2. 物质准备

《我的超人妈妈》图画书、教学 PPT、有引导线的彩色卡纸、幼儿提前准备一张妈妈的照片、9 种超人妈妈场景图、9 种普通妈妈形象图（脸部空白）、有轮廓引导线的白纸、相框装饰纹样、相框支架。

活动过程

1. 产生兴趣

教师播放妈妈和小朋友的图片，吸引幼儿的注意力，激发幼儿的好奇心。

支架语 1：小朋友们好！老师带来一个神秘的胶卷，里面藏着秘密，你们想知道是什么吗？（支架物：教学 PPT；支架态：疑问的表情，期待幼儿回答；支架势：播放教学 PPT。）

幼儿预期表现：略。

支架语 2：胶卷中有谁啊？（超人，两个小朋友。）他们是什么关系？（妈妈和她的两个孩子。）（支架物：教学 PPT；支架态：疑问的表情，期待幼儿回答；支架势：播放教学 PPT。）

幼儿预期表现：略。

设计意图：吸引幼儿的注意力。

2. 主动体验

教师展示图画书《我的妈妈是超人》，和幼儿一起充满感情地阅读图画书中关键情节。

支架语 1：哇！图中的小朋友们为妈妈准备了什么礼物？（支架物：教学 PPT；支架态：期待的神情；支架势：播放教学 PPT。）

幼儿预期表现：略。

支架语 2：他们为妈妈做了好看的相框，记录下超人妈妈的画像。你们想不想为自己的妈妈制作一个精美的相框送给妈妈呢？（支架物：教学 PPT；支架态：期待的神情；支架势：播放教学 PPT。）

幼儿预期表现：略。

设计意图：引导幼儿感知。

3. 深度探究

教师引导幼儿思考：哪个场景下的妈妈最厉害？为什么妈妈是“超人”？感受到妈妈的爱之后，教师引出为妈妈制作一个相框来表达自己对妈妈的关心和爱。

支架语 1：你觉得妈妈什么时候最厉害？她在哪？在做什么？（支架物：9 种

场景图；支架态：期待的神情；支架势：展示教学 PPT。）

幼儿预期表现：略。

支架语 2：超人妈妈此刻是什么样子呢？请你拿出画笔画一画。（支架物：有轮廓线的白纸、幼儿提前准备好的妈妈的照片、已经做好的相框模板；支架态：期待的神情；支架势：分发材料。）

幼儿预期表现：略。

支架语 3：嘘……这时的妈妈就像……（支架物：超能力元素贴纸；支架态：期待的神情；支架势：示范将贴纸贴在绘制好的画像上。）

幼儿预期表现：略。

支架语 4：妈妈为什么能成超人？她做了什么呢？（支架物：9 种脸部空白场景图；支架态：疑问的表情；支架势：发放材料。）

幼儿预期表现：略。

支架语 5：这时妈妈又是什么样子呢？请你拿画笔画一画。（支架物：有轮廓线的白纸、幼儿提前准备好的妈妈的照片、已经做好的相框模板；支架态：期待的神情；支架势：分发材料。）

幼儿预期表现：略。

支架语 6：那请小朋友们记录下妈妈不同的角色。为妈妈制作立体相框吧！（支架物：有引导线的卡纸、制作相框步骤图；支架态：鼓励的神情；支架势：示范折叠并粘贴好相框。）

幼儿预期表现：略。

支架语 7：留出一边不粘贴，将妈妈的第二张照片放入，再放入第一张照片。（支架物：幼儿制作好的两张妈妈画像、幼儿制作好的相框、魔术贴；支架态：鼓励的神情；支架势：示范如何放置两张照片。）

幼儿预期表现：略。

支架语 8：请小朋友们装饰一下相框，并安置好相框支架吧！（支架物：相框装饰贴纸、相框支架；支架态：鼓励的神情；支架势：分发材料。）

幼儿预期表现：略。

设计意图：引导幼儿深度探究。

▲成果物：妈妈画像的相框。

4. 分享合作

幼儿展示制作好的相框，说出制作的过程，讲述自己想告诉妈妈的话，表达对妈妈的感恩之情。

支架语 1：谁来说说你是怎么制作相框的？当你把相框送给妈妈时，你想和妈妈说些什么？（支架物：幼儿自己制作好的相框；支架态：期待的神情；支架势：引导幼儿展示相框细节，说出想要对妈妈说的话。）

幼儿预期表现：略。

支架语 2：除了送给妈妈相框，我们还能为妈妈做什么呢？（支架物：教学 PPT、幼儿做好的相框；支架态：鼓励、肯定的表情；支架势：邀请小朋友继续分享。）

幼儿预期表现：略。

设计意图：引导幼儿展示表现。

5. 联想创意

教师肯定幼儿的表现，引导幼儿要对爸爸妈妈感恩和关心。

支架语：妈妈非常爱你们，所以小朋友们也要感谢妈妈的爱，学会爱妈妈哦！其实爸爸也是超人，他的超能力，我们下次再揭秘吧！（支架物：图画书；支架态：鼓励、微笑的表情；支架势：肯定幼儿，可以用拥抱、伸出大拇指等方式表扬幼儿。）

幼儿预期表现：略。

设计意图：引导幼儿进一步对爸爸妈妈表达出关心，自然结束活动。

活动评价（附表 8）

附表 8　活动评量表

评测点	水平一	水平二	水平三
参与	□不愿意或不积极参加活动	□在成人的带领下能积极参加和投入活动	□主动参与活动，在活动中表现持续的兴致和热情
会艺术的形式表现用	□不会用绘画和其他艺术表现形式表现	□能运用绘画和手工制作等表现自己观察到或想象的事物	□能用自己制作的美术作品布置环境、美化生活
发现物体的结构特点	□不能体会物体和材料的特性	□能感知和发现常见物体和材料的性质或用途	□能发现常见物体、材料的结构与功能之间的关系
体会文学作品的情绪情感	□不能体会文学作品所表达的情绪情感	□能随着作品的展开产生喜悦、担忧等相应的情绪反应，体会作品所表达的情绪情感	□能准确表达文学作品所表达的情绪情感

（三）幼儿园小班教育活动“我身体上的洞洞”

活动目标

1. 品德启蒙目标：学习自尊自爱的传统美德。

2. 文化底蕴目标：感知传统水墨画的表现形态。

3. 学习品质目标：能敏锐关注到周围新鲜事物。

4. 关键经验目标：（1）科学领域：喜欢通过探索的方式了解耳朵、鼻子、嘴巴等名称；（2）健康领域：具有良好的生活与卫生习惯；（3）语言领域：能回忆起图画书中关于洞洞的核心故事情节。

活动准备

1. 经验准备

（1）教师经验准备：教师明白积极学习品质中好奇心的内涵，了解《指南》中3—4岁幼儿科学、健康、语言领域发展的教育目标及相应支持策略；教师了解人体五官等及其作用；

（2）幼儿经验准备：幼儿知道身体上有鼻子、耳朵等洞洞，有阅读图画书的经历。

2. 物质准备

原创图画书《我身体上的“洞洞”》教学PPT、小镜子、娃娃的身体轮廓图、无纺布五官拼贴材料套组。

活动过程

1. 产生兴趣

播放PPT，吸引幼儿的注意力，引入活动的主题。

支架语1：咦？这是什么？请小朋友来说一说。（支架物：原创图画书《我身体上的“洞洞”》教学PPT；支架势：播放PPT；支架态：好奇的表情。）

幼儿预期表现：略。

支架语2：小朋友觉得这可能是小虫子的洞，可能是树的洞……你们真有想象力！一起来看一看吧！哦！原来是我们的嘴巴。（支架态：恍然大悟的表情；支架势：PPT翻页。）

幼儿预期表现：略。

设计意图：对“洞”进行联想，激发幼儿讨论的兴趣。

2. 主动体验

投放材料“小镜子”，找一找身体上的“洞洞”。

支架语：我们身体上还有哪些洞洞呢？请小朋友们用这面神奇的小镜子找一找吧！也可以观察一下你身边的小伙伴找一找。（支架态：带着期待的神情。支架势：手拿小镜子示意让幼儿明白怎么做。）

幼儿预期表现：略。

设计意图：使用镜子初步感知身体上的其他“洞洞”。

3. 深度探究

投放材料“娃娃的身体轮廓图”，画一画身体上的“洞洞”。

支架语1：请小朋友将找出来的“洞洞”画在这张图片中的娃娃身上。（支架态：出示娃娃轮廓图片示意，让幼儿明白可以怎么做。）

幼儿预期表现：略。

投放材料五官“洞洞”拼贴板，拼一拼、贴一贴身体里的五官“洞洞”。

支架语2：小朋友们找到了身体上的“耳朵洞”“眼睛洞”“嘴巴洞”“鼻子洞”，并知道它们在身体的哪个部位。现在快来选择你喜欢的眼睛、嘴巴、耳朵、鼻子的样子，拼一拼，贴一贴吧！（支架势：引导幼儿选择自己喜欢的五官形态，组合，拼贴到无纺布粘板上；支架态：引导、鼓励的语气。）

幼儿预期表现：略。

设计意图：通过自主探究，了解身体上的“洞洞”的位置及五官的组合。

▲成果物：五官创意拼贴画。

4. 分享合作

请幼儿相互欣赏和讨论自己拼好五官的娃娃。

支架语1：现在请和我们说一说你拼的娃娃长什么样子啊？他的眼睛小小的、嘴巴是笑着的……（支架势：说一些示范性的语言启发幼儿描述；支架物：幼儿拼贴的五官作品图；支架态：鼓励、认可的眼神。）

幼儿预期表现：略。

支架语2：那你拼的娃娃和别人拼的娃娃有哪些不一样呢？（支架势：引导幼儿拼完了可以互相看一看，说一说；支架物：请小朋友分享；支架态：带着鼓励的眼神。）

幼儿预期表现：略。

支架语3：小朋友们说得真好，我们还发现不一样形状的眼睛、嘴巴、耳朵、鼻子在一起，会拼出长得不一样的娃娃。这也就是我们每个人的脸长得都不一样的原因，我们每个人都是独一无二的。（支架物：幼儿拼贴的五官图作品；支架态：赞许、认可的语气；支架态：引导幼儿分享作品并总结。）

幼儿预期表现：略。

设计意图：表达自己的发现、分享自己的作品，知道不同的五官组合在一起才有了不同的长相，知道自己的长相是独一无二的。

5. 联想创意

教师肯定幼儿们的表现，告诉幼儿要注意保护五官。

支架语：小朋友们真棒！发现了我们身体上的这么多洞洞。这些洞洞这么重要，大家不要用力抠、揉它们，也不要把脏东西塞进去，不让细菌跑进去，要注意保护它们哦！

幼儿预期表现：略。

设计意图：结束活动，提示幼儿保护身体上的“洞洞”。

活动评价（附表 9）

附表 9　活动评量表

评测点	水平一	水平二	水平三
关注未知	□对未知的事物不关注	□对新鲜的人或事物表现出一定程度的关注	□非常关心自己所不知道的或将要发生的事情
喜欢摆弄和探索	□不喜欢摆弄物品	□常常动手动脑探索物体和材料，并乐在其中	□能经常动手动脑寻找问题的答案，探索中有所发现时感到兴奋和满足
保护五官	□不知道保护五官	□知道保护五官	□主动保护五官
理解故事内容	□不能正确回答所阅读故事相关的问题	□能正确回答所阅读故事相关的大部分问题	□能正确回答所阅读故事相关的全部问题

（四）幼儿园大班教育活动“我的小戏服”

活动目标

1. 品德启蒙目标：喜欢欣赏多种多样的艺术形式和作品，感受“美美与共”的精神内涵。

2. 文化底蕴目标：感知和欣赏京剧戏服的形象和文化内涵，浸润传承中华优秀传统文化。

3. 学习品质目标：在制作过程中养成初步的探究能力和认真思考，细心观察和条理有序的习惯。

4. 关键经验目标：了解京剧戏服纹样相关知识如基本样式、纹样的象征意义等。

活动准备

1. 经验准备

（1）教师经验准备：了解京剧戏服相关知识如基本样式、纹样的象征意义等。

（2）幼儿经验准备：知道京剧是一种戏种，是我国的国粹；阅读图画书《画中奇遇记（一）》，认识一些传统纹样。

2. 物质准备

教学 PPT，纹样模板，纹样分布图，零散纹样，头像卡片，不织布，双面胶，彩绳，棉花。

活动过程

1. 产生兴趣

教师以图画书的结尾导入情境，结合 PPT 动画，引导幼儿进行细节观察并大胆猜测与想象，激发幼儿对京剧的兴趣。

支架语 1：在图画书中，平平和安安跋山涉水，最后停在了一座开满鲜花的小屋旁，猜猜他们发现了什么？（支架物：《画中奇遇记》相关页、PPT 产生兴趣页；支架态：眼睛睁大，露出略带疑惑的神情；支架势：指向 PPT 中心的图案。）

幼儿预期表现：略。

支架语 2：让我们看看究竟是什么？（支架态：狡黠的微笑。）

幼儿预期表现：略。

支架语 3：原来是京剧表演时穿的戏服，京剧戏服和我们平时穿的衣服有什么不一样？（支架态：疑惑的神情；支架势：指向 PPT 中出现的整件戏服。）

幼儿预期表现：略。

设计意图：快速吸引幼儿的注意力，激发好奇心，由细节到整体进行观察，为后续细节观察环节埋下伏笔。

2. 主动体验

教师呈现各式戏服的图片，请幼儿观察戏服的整体样式，进而对自己材料包中的纹样模板进行观察，尝试发现纹样的不同形状与包含的装饰元素。

支架语 1：小朋友们，京剧演员们表演时穿的衣服和我们平时身上穿的有什么不同呢？（支架态：略带疑惑的表情；支架势：两臂张开，做出低头观察自己着装的模样。）

幼儿预期表现：略。

支架语 2：我们有些什么形状的纹样呢？在纹样上还藏了哪些小秘密呢？（支架态：好奇的表情；支架势：手持纹样模板，做出凑近想要仔细看清的模样。）

幼儿预期表现：略。

设计意图：帮助幼儿通过观察各种样式的戏服及自己手中的图案与花纹，产生更为浓厚的兴趣与主动探究的倾向，并尝试通过观察和比较解决教师提出的问题；初步了解京剧戏服不同款式的特点与纹样元素。

3. 深度探究

纹样配对：教师出示制作步骤图，请幼儿观察并总结制作戏服的几个步骤，并引导幼儿根据纹样模板及材料包上的提示正确选取所需纹样，按照纹样分布图上的图形提示进行纹样组合。

支架语 1：要做出一件漂亮的戏服，我们首先要做什么呢？（支架态：疑惑的表情；支架势：手指顺着步骤图的箭头划过。）

幼儿预期表现：略。

支架语 2：这些好看的花纹，本来都有自己的小伙伴，但现在他们全都被打乱了，小朋友们能不能看着你们手中的照片，来帮花纹们找到自己的小伙伴呢？（支架态：期待的表情；支架势：一只手拿着纹样模板，一只手拿着几片零散的纹样。）

幼儿预期表现：略。

支架语 3：把找到的花纹和他们的小伙伴们一起送回家吧，请细心观察，看看不同形状的花纹，家都在哪呢？（支架态：神秘的微笑；支架势：指指操作单上的图形引导，再指指材料包上图形提示。）

幼儿预期表现：略。

设计意图：帮助幼儿了解戏服制作的流程，帮助幼儿产生“做计划”的意识，在操作过程中对于戏服纹样有了进一步认识的同时锻炼幼儿的细节观察能力以及对平面几何的认知能力。

制作戏服：按照自己的喜好选取布料与纹样进行戏服的裁剪与制作。

支架语 4：你准备为小演员做一件什么颜色的戏服呢？选好颜色后，我们就可以用刚才带回家的花纹来装饰我们的戏服了，快动手做起来吧！（支架态：鼓励的眼神；支架势：一手拿着几张不织布，一手拿着几片纹样。）

幼儿预期表现：略。

设计意图：幼儿在根据设计图选择布料以及花纹的过程也就是计划实施的过程，在这个过程中再一次考察幼儿的细节观察能力与精细动作。

自主创作：运用制作好的戏服来进行创意玩具制作，如将边缘缝合、中间塞上棉花就变成一个娃娃；如上边缘缝合、下边开口就变成一个手偶；如将两件不同戏服缝合起来正反两面不同就变成了变脸玩具；如下面缝合起来上面留口就变成了小包等。

支架语5：我们还能用手中的戏服做出什么好玩的玩具呢？（支架态：疑惑状；支架势：拿着手中的戏服左看右看。）

支架语6：如我把边边粘起来，中间塞上棉花，会变成什么呢？（支架态：将两片戏服合在一起，用手指沿着戏服边缘滑动。）

支架语7：如果我把上边封起来，底下留着小嘴巴张开，会变成什么呢？

支架语8：如果我把两件不一样的戏服封起来，会变成什么呢？

支架语9：那如果我把下面封起来，上面留着小嘴巴张开，再加上根小绳子，就变成什么了呢？

幼儿预期表现：略。

设计意图：在幼儿按照规范制作出戏服后进行创意表达，通过其他材料的加入将一件平面的戏服样式变成立体生动可互动的玩具。

4. 分享合作

幼儿就自己的作品进行分享，拿着自己的设计图以及最终的自制玩具说说自己是如何设计以及制作出属于自己的戏服的，以及自己的戏服的特点（如颜色、纹样），并互相交流自己自制玩具的玩法。

支架语1：那现在我们要开始“赶大集”了！小朋友们请把你做好的玩具放在桌子上，我们可以参观参观其他小朋友们都做了哪些好看又好玩的戏服玩具。

幼儿预期表现：略。

支架语2：你最喜欢哪位朋友的作品？为什么？（支架态：鼓励的神情；支架势：手指划过各个自制玩具。）

幼儿预期表现：略。

支架语3：请小朋友分享自己是怎么做出这么好看的戏服玩具的，你先做了什么？再做了什么？（支架态：惊讶地看着做好的玩具；支架势：一手拿着一个做好的自制玩具，边说边点玩具身上的衣服。）

幼儿预期表现：略。

设计意图：幼儿回顾自己从做计划到具体实施到最后得出成果的整个过程，通过对自己制作戏服的介绍进一步巩固对戏服纹样的认识，最后通过对自己自制玩具的介绍将平面的戏服真正变成一件可操作可互动的成果物。

5. 联想创意

幼儿自行对自己制成的玩具进行进一步美化，或是借助自制的玩具与同伴进行游戏。

支架语：你有什么好点子，能让你的玩具变得更漂亮、更好玩呢？（支架态：作思考状；支架势：拿着一个玩具。）

幼儿预期表现：略。

设计意图：在同伴分享个人经验的基础上，引导幼儿在造型或玩法上改进完善自己的成果物。

活动评价（附表 10）

附表 10　活动评量表

评测点	水平一	水平二	水平三
喜欢摆弄	□对周围的事物不感兴趣	□喜欢观察和探索感兴趣的事物	□经常探索和操纵事物
观察比较事物	□不喜欢观察事物	□能对事物或现象进行观察比较，发现其相同与不同	□能通过观察、比较与分析，发现并描述不同种类物体的特征或某个事物前后的变化
表达对艺术作品的欣赏	□在欣赏艺术作品时没有反应	□在欣赏艺术作品时有模仿和参与的愿望	□愿意和别人分享、交流自己喜爱的艺术作品和美感体验
与他人交谈	□不愿意与他人打招呼、讲话	□愿意与他人交谈，喜欢谈论自己感兴趣的话题	□愿意与他人讨论问题，敢在众人面前说话

（五）幼儿园中班教育活动“木拱桥的秘密”

活动目标

1. 品德启蒙目标：感受和而不同的精神文化。

2. 文化底蕴目标：了解中国木拱桥的传统智慧，浸润中华优秀传统文化。

3. 学习品质目标：在活动的过程中能够对新事物产生兴趣；积极主动地动手操作拱桥模型，专心致志对操作材料进行探究，尝试进行拼装；能够与同伴友好地分工合作完成拱架的制作，遇到困难能一起克服。

4. 关键经验目标：感知拱桥拱架的特点和功能；手眼协调能力和手部精细动作

都有所发展；用语言清楚地跟同伴交流、讨论操作过程，清晰地表达自己的疑问和想法；活动中能与同伴分工合作，遇到困难互相帮助；探究木拱桥的结构与制作过程；能用工具和材料表达自己的想法。

活动准备

1. 经验准备

（1）教师经验准备：明白积极学习品质中坚持性的内涵；了解《指南》中 4—5 岁幼儿科学、社会领域发展的特点及相应支持策略；教师对木拱桥营造技艺有详细的了解。

（2）幼儿经验准备：幼儿见过木拱桥，知道拱桥的外观。

2. 物质准备

木拱桥图片若干、定位图一张、已制作好的拱桥模型、白胶、硬纸板、颜料、画笔、剪刀等。

活动过程

1. 产生兴趣

教师展示木拱桥的图片和拱架模型，并拿出 15 根木棍，通过提问两者如何建立联系，激发幼儿对桥的兴趣。

支架语 1：小朋友们，你们看看这是什么？（展示图片。）这是一座漂亮木拱桥。那这些又是什么呢？（15 根木棍。）今天木拱桥爷爷告诉我了一个秘密，美丽的木拱桥是由这 15 根木棍做成的。

幼儿预期表现：表示出对木拱桥兴趣，能够积极地回答问题，对木拱桥的制作表现出好奇。

支架语 2：木拱桥爷爷送给我了一个礼物，它说自己就是从这个小模型长呀长呀，长成了一座大桥。（支架物：木拱桥模型。）桥是用来做什么的？你们觉得这座桥能够承受重量吗？（支架态：疑问的表情。）

幼儿预期表现：能够积极地回答问题，能够主动尝试感知木拱桥的承重特点。

支架语 3：小朋友放上了水杯，还有小朋友放上了书，还有小朋友放上了积木，木拱桥爷爷小时候就很厉害了，非常坚固。你们想知道怎么做出一座真正的木拱桥吗？（支架态：微笑的表情。）

幼儿预期表现：能够对搭建木拱桥产生兴趣、具有探索的欲望。

设计意图：吸引幼儿的注意力。

2. 主动体验

教师展示木拱桥拱架模型，指导幼儿初步进行尝试。

支架语 1：小朋友们，木拱桥爷爷告诉了我一个秘密，嘘，可要认真看哦！（支架态：神秘的表情。）

幼儿预期表现：能够专注地观察木拱桥拱架搭建的过程。

支架语 2：你们知道了木拱桥爷爷的秘密，他说可不可以帮他多建几座桥呢？（支架物：木拱桥拱架模型。）

幼儿预期表现：能够对拱桥的拱架的结构有初步的了解，能够在老师支架下或与同伴合作完成。

设计意图：帮助幼儿初步感知木拱桥拱架的特点，独自或合作制作出三节拱与人字拱的组合（即木拱桥拱架）。

3. 深度探究

教师系统展示木拱桥的制作流程，分别是选桥址、搭桥台，做拱架、铺桥面，搭桥屋（廊桥）或做护栏（普通拱桥）。然后引导幼儿进入建桥的第一个环节：展示图供选择架桥的位置（由小朋友画的“我的房子”图拼出来的）；之后用陶泥制作桥台，教师展示桥台的图片，体会桥台的形状和功能。（支架物：每人 1 份陶泥。）

支架语 1：我们要怎么做呢？来问问木拱桥爷爷吧！（支架物：PPT）所以先要选地址，然后搭建桥台，然后做拱架、铺桥面，最后搭桥屋。

幼儿预期表现：能够积极主动地回顾图片中呈现的三个主要步骤。

支架语 2：如果你想去河对面找你的好朋友，你会选择在哪里建桥呢？为了让我们的桥固定在河面上，需要一个支撑桥两端的东西，它叫作桥台，没有它桥就容易在水里被水冲刷，不牢固。那桥台要做成什么样呢？（要足够支撑，要能够架住。）我们开始搭建桥台吧！

幼儿预期表现：能够积极主动地选择建桥的位置，尝试制作出能够支撑桥梁的桥台。

支架语 3：接下来，我们就要制作拱架了，老师为每位小朋友都准备了一套拱桥模型，请小朋友们用老师给的材料，制作出拱架，也可以和一个小伙伴合作，如果你们一起制作就只用一套模型。

幼儿预期表现：幼儿动手操作，能够独立拼装成功，或与同伴一起动手操作，发现问题时能够克服困难，专心致志地制作模型。

支架语 4：为了让你和你的好朋友能走在桥上，接下来做什么呢？（铺桥面。）你们每人都有一个可弯曲的木板、彩色卡纸、雪糕棒，还有白胶，请你为自己的桥铺上桥面吧。

幼儿预期表现：幼儿动手操作，能够积极主动地独立完成铺桥面的任务。

支架语5：为了让你们过桥的时候更安全，该做什么呢？（做护栏或桥屋。）木拱桥爷爷说它爷爷的爷爷在北方，不需要桥屋，但是有漂亮坚固的护栏。后来他们搬到南方，因为经常下雨，所以建造了桥屋（支架物：两套材料包。）请为你的桥增加功能吧！

幼儿预期表现：在了解护栏和桥屋的作用后，主动选择材料进行制作，能够友好地与他人交流，积极主动地完成这一环节。

支架语6：木拱桥爷爷说，桥上会有保护的神物，那么请你为自己的桥祈福吧！（支架物：颜料、桥上动物贴纸。）

设计意图：引导幼儿制作木拱桥桥台、桥架、铺桥面，在此基础上做成景观木拱桥或木拱廊桥。

▲成果物：幼儿的木拱桥成品。

4. 分享合作

教师请幼儿讲述自己的拱桥或梁桥是如何设计与制作的，引导幼儿在相互交流中多向思考，运用多种方式进行活动，可以将廊桥结合，或放置在沙盘中，为后续表演活动做准备。

支架语1：哪位小朋友愿意分享你的桥呢？你的桥建在哪里，连接了谁？你们是怎么做拱架、桥面、桥屋和装饰的呢？

支架语2：你们认为做的时候需要注意什么呢？

幼儿预期表现：能愿意分享自己的桥，并进行介绍。

设计意图：引导幼儿进行分享或合作。

5. 联想创意

幼儿装饰好桥，教师引领幼儿回顾活动内容，激发幼儿发掘木拱桥的其他应用，比如凳子、门等。

支架语1：今天我们认识了中国的木拱桥，制作方法先要选桥址、做桥台、做拱架、铺桥面、搭桥屋，木拱廊桥和景观桥不仅外观优美，还具有实用性、坚固的优点。

支架语2：木拱桥很好玩，你们还见过其他中国著名的桥梁吗？回家和爸爸妈妈一起找找图片、照片，回来我们和小朋友们一起分享。

幼儿预期表现：能够积极回应，维持对木拱桥的兴趣。

设计意图：回顾活动内容。

活动评价（附表 11）

附表 11　活动评量表

评测点	水平一	水平二	水平三
协同	□不愿意和同伴分享，共同完成任务	□愿意和同伴共同游戏，在与同伴合作的过程中配合非常默契	□会制定游戏规则，组织、带领同伴一起游戏
合作完成任务	□不会和同伴分工合作，共同完成任务	□活动时能与同伴分工合作	□活动时能与同伴分工合作，遇到困难能一起克服
会用艺术的形式表现	□不会用画出或用其他艺术的形式表现	□能运用绘画、手工制作等表现自己观察到或想象的事物	□能用自己制作的美术作品布置环境、美化生活
熟悉木拱桥的结构特点	□不知道木拱桥的样子与结构，能进行简单的操作	□知道木拱桥的结构特点，能够搭建拱架	□知道拱桥的结构特点，了解桥的功能，能够制作出成品，体会古代劳动人民的智慧

（六）幼儿园小班教育活动“我喜欢你的样子”

活动目标

1. 品德启蒙目标：理解不同的情绪和产生情绪的原因，能够包容、理解自己和他人的情绪。

2. 文化底蕴目标：初步感知龙的形象，初步感受中华优秀传统文化。

3. 学习品质目标：在自主完成面具的过程中养成不怕困难，认真专注的学习品质，在创编故事的过程中培养敢于想象和表达的学习品质。

4. 关键经验目标：了解五官的位置，不同五官可以表现人物的不同情绪，并能够根据故事线索创编和表达故事。

活动准备

1. 经验准备

（1）教师经验准备：熟悉图画书《我喜欢你的样子》。

（2）幼儿经验准备：对五官（眉毛、眼睛、嘴巴、鼻子、耳朵）有初步的认知。

2. 物质准备

图画书《我喜欢你的样子》，“龙龙的样子”卡片、贴纸，教学 PPT、剪刀、胶棒、彩笔。

活动过程

1. 产生兴趣

教师拿出图画书，声情并茂地讲述故事，引导幼儿观察和聆听图画书的内容。

支架语 1：小朋友们，我们来听一个故事吧。（支架物：图画书；支架势：指着马奔奔的眼睛；支架态：语气诚恳、眼神真挚的肯定和欣赏。）

幼儿预期表现：聚精会神的聆听，用手指着或者触摸自己的眼睛。

支架语 2：小朋友们，你们看这是谁的什么呀？兔跳跳，我喜欢你软软的耳朵。（支架物：图画书；支架势：指着兔跳跳的耳朵；支架态：语气诚恳、眼神真挚的肯定和欣赏。）

幼儿预期表现：聚精会神的聆听，用手轻轻地捏自己或同伴的耳朵。

支架语 3：小朋友们，龙龙的表情是什么样子的？他为什么会有这样的表情呢？（支架物：图画书；支架势：指着虎威威的眉毛；支架态：语气诚恳、眼神真挚的肯定和欣赏。）

幼儿预期表现：略。

设计意图：引导幼儿听懂图画书的内容，能够初步了解五官的位置和形状。

2. 主动体验

教师出示龙龙面具，引导小朋友们分组找出不同的龙龙的面具五官。

支架语 1：小朋友们，你们想自己做出来龙龙吗？（支架物：图画书；支架态势：疑惑，询问并希望得到回应的表情。）

幼儿预期表现：略。

支架语 2：看看老师这里是什么？这里有四种不同的贴纸，上面都有龙龙的五官，你们可以帮助老师找一找吗？他们分别是什么表情？（支架物：龙龙的面具表情；支架态势：疑惑的表情。）

幼儿预期表现：略。

设计意图：找出龙龙的五官，进一步认识五官的特征和不同的五官组合与人物情绪的关系。

3. 深度探究

教师引导幼儿将龙龙面具和五官剪下来，贴在对应的位置上。

支架语 1：小朋友们，你们现在认识龙龙的五官了吗？龙龙的五官应该在什么位置呢？请你把他们放到对应的位置，完成龙龙面具吧。（支架物：龙龙样子的形状轮廓；支架态：积极提问。）

幼儿预期表现：略。

支架语 2：小朋友们，你还记得龙龙的五官有什么吗？请你在你的龙龙面具上添加上更多的五官，给五官涂上颜色吧。颜色要能够表达龙龙的心情。（支架物：不同五官的贴纸、彩笔；支架势：将贴纸一点点贴到龙龙的五官轮廓上。）

幼儿预期表现：跟随老师一起说着眉毛、眼睛等五官的名字，将贴纸贴在上面。

设计意图：幼儿自主完成龙龙面具，知道龙龙的五官都有什么，长什么样，在什么位置。

4. 分享合作

教师引导幼儿合作完成龙龙五官的变化，了解龙龙在不同情绪时五官的变化。

支架语 1：小朋友们，你们有没有发现你们的龙龙是不一样的呀？请小朋友们说一说，哪里不一样呢？（支架物：幼儿自己完成的龙龙面具；支架态：疑惑地看着幼儿。）

幼儿预期表现：略。

支架语 2：原来，龙龙在高兴、愤怒、悲伤、恐惧的时候五官是不一样的。让我们请两个小朋友来演一演为什么龙龙会有不同的情绪吧。（支架物：龙龙面具；支架态：期待的神情。）

幼儿预期表现：略。

设计意图：了解不同情绪下五官的样子，合作完成教育戏剧。

5. 联想创意

教师引导自由选择拼合不同的五官面具，创编故事，表演出为什么龙龙会出现不同的神情。

支架语：小朋友们，现在我们可以自由结对，可以两个人、三个人，甚至四个人一组，说出龙龙为什么会有不同的神情，一起来创造出属于你们的故事吧！（支架物：幼儿自己完成的龙龙面具；支架态势：兴奋期待的神情。）

幼儿预期表现：略。

设计意图：通过自由组合形态各异的龙龙面具，创编别样的创意故事。

活动评价（附表 12）

附表 12　活动评量表

评测点	水平一	水平二	水平三
集中注意力	□做事情时注意力不够集中，非常容易分心	□做事情时会比较专注，但偶尔也免不了受到干扰	□做事情时十分专注和投入，全神贯注于活动
新颖	□针对问题产生的联想比较单一	□针对问题能产生较多的联想	□针对问题可以在短时间内反应迅速，从不同角度和方面产生很多的联想，表达较多的观点
讲故事	□不喜欢讲故事	□喜欢把听过的故事或看过的图书讲给别人听	□喜欢与他人一起谈论图书和故事的有关内容
理解故事内容	□不能正确回答所阅读故事相关的问题	□能正确回答所阅读故事相关的大部分问题	□能正确回答所阅读故事相关的全部问题

读者意见反馈

为收集对教材的意见建议，进一步完善教材编写并做好服务工作，读者可将对本教材的意见建议通过如下渠道反馈至我社。

咨询电话　400-810-0598

反馈邮箱　gjdzfwb@pub.hep.cn

通信地址　北京市朝阳区惠新东街 4 号富盛大厦 1 座

高等教育出版社总编辑办公室

邮政编码　100029